W0064194

⋆ Alles außer süß ⋆
Back's dir herzhaft!

Alles außer süß

Back's dir herzhaft!

Rezepte von Anna Walz
Fotos von Manuela Rüther

Edition
Fackelträger

⫸→INHALT

LOS GEHT'S

WO KUCHEN IST,
DA IST AUCH HOFFNUNG.

- Dean Koontz -

UND WER HAT BEHAUPTET,
DASS KUCHEN IMMER SÜSS SEIN MUSS?

Für all jene, die gerne herzhaft naschen, gibt es in Alles außer süß jetzt tolle Beläge, köstliche Füllungen oder feine Kräuter für den besonderen Kick.

Backen war bisher eine absolut süße Domäne. Außer dem obligatorischen Zwiebelkuchen einmal im Jahr zum neuen Wein gab's beim nachmittäglichen Kaffeeklatsch Frankfurter Kranz, Marmorkuchen oder Muffins – je nach Altersstruktur der zusammenkommenden Runde.

Und wer nichts Süßes mochte, bekam dann höchstens ein Leberwurstschnittchen mit ein paar Gewürzgurken. Gott sei Dank sind diese Zeiten jetzt vorbei!

»→ Bei den Knabbereien findest du Bacon-Blätterteig-Stangen, Gewürz-Cracker und Grissini mit Lavendelsalz.

»→ Die Kleinigkeiten kannst du super zum Fernsehabend reichen: Zum Beispiel Parmesan-Windbeutel, Lauchscones und Maismuffins mit Salsicciafüllung.

Viele Spaß beim Ausprobieren und Naschen, beim Backen und Essen!

⋙→ Je nachdem wie viel Gäste du eingeladen hast, können die Snacks auch richtig satt machen. Probiere mal Käse-Küchlis, Garnelenpäckchen am Stiel und mediterranen Ofenschmarrn.

⋙→ Belegen lässt sich viel mehr als nur Pizza, wobei die natürlich hier auch nicht fehlt: Flatbread mit Basilikum und gegrillter Paprika, Zwetschgen-Speck-Kuchen und Minipizza mit Ziegenkäse und Walnüssen gibt es in diesem Kapitel.

⋙→ Abwechslungreiche Brote machen manchmal den Belag sogar überflüssig: Wie wäre es mit Bagels, Sesamzöpfen und Pesto-Brot?

BACKEN MACHT EINFACH GUTE LAUNE!

DU FINDEST HIER EINE RIESENAUSWAHL TOLLER REZEPTE!

KNABBEREIEN

GEWÜRZ-CRACKER

ZUBEREITUNGSZEIT 30 Minuten + Kühl- und Backzeit

ZUTATEN für 45 Stück

150 g Weizenvollkornmehl
100 g kernige Haferflocken
2 TL Salz
2 TL Koriandersamen
2 TL Fenchelsamen
4 EL Olivenöl
½ TL Sesamöl
250 g Kern- und Samenmix
(z. B. gemahlene Leinsamen, Sesam,
Mohn, Sonnenblumenkerne, Kürbiskerne,
gehackte Nüsse usw.)
Meersalz
Öl zum Einfetten

Sämtliche Zutaten, bis auf den Kernmix, mit 360 ml kaltem Wasser mithilfe eines Kochlöffels gut vermischen, abdecken und 1 Stunde kühl stellen. Anschließend die Kerne unterrühren.

Backofen auf 200 °C (oder 180 °C Umluft) vorheizen. Ein Backblech ölen, sehr glatt mit Backpapier auslegen und auch dieses ölen. Den Teig nun mit einem Löffel oder einer Winkelpalette sehr gleichmäßig bis zum Rand auf dem Backblech verstreichen. Mit Meersalz bestreuen.

15 Minuten backen. Das Backblech aus dem Ofen nehmen und die Temperatur auf 175 °C reduzieren. Mit einem scharfen Messer oder einem Teigrädchen 45 Cracker vorschneiden. Backblech wieder in den Ofen schieben und 30–40 Minuten knusprig zu Ende backen. Cracker auf dem Backpapier auskühlen lassen, umdrehen und vorsichtig das Backpapier abziehen. An den Sollbruchstellen auseinanderbrechen.

BACON-BLÄTTERTEIG-STANGEN
mit Sesam und Honig

ZUBEREITUNGSZEIT 20 Minuten + Backzeit

ZUTATEN für 32 Stangen

---

8 Baconscheiben
1 Rolle Blätterteig aus dem Kühlregal
4–5 EL flüssiger Honig
15 g Sesam

Backofen auf 220 °C (oder 200 °C Umluft) vorheizen. Bacon je einmal quer und einmal längs halbieren, sodass man 32 Streifen erhält. Blätterteig einmal längs halbieren und dann 16-mal quer durchschneiden, sodass man ebenfalls 32 Streifen erhält. Jeden Streifen mit etwas Honig beträufeln, mit einem Streifen Bacon belegen und mit Sesam bestreuen. Streifen an den Enden anfassen und jeweils in Gegenrichtung eindrehen, sodass sich Teig und Bacon ineinanderzwirbeln. Darauf achten, dass der Bacon auf der Außenseite zu sehen ist, nur dann wird er schön knusprig.

Auf zwei mit Backpapier ausgelegte Backbleche legen und nacheinander ca. 6 Minuten backen. Nach 3 Minuten die Stangen mit zwei Löffeln vorsichtig wenden, so werden sie gleichmäßig braun. Auf einem Rost abkühlen lassen oder gleich genießen.

CURRY-MOHN-SCHNECKEN

ZUBEREITUNGSZEIT 20 Minuten + Kühl- und Backzeit

ZUTATEN für 45 Stück

120 g weiche Butter
35 g Puderzucker
250 g Weizenmehl (Type 405)
zzgl. etwas zum Ausrollen
1–2 TL aromatisches Currypulver
3–4 EL Mohnsamen
Salz

Butter und Puderzucker mit den Quirlen des Handrührgerätes cremig rühren. Mehl, Currypulver und Salz zugeben, alles zunächst wieder mit dem Handrührgerät und abschließend mit den Händen zügig zu einem glatten Teig verkneten. Teig auf wenig Mehl quadratisch, ca. 5 mm dünn ausrollen und mit den Mohnsamen gleichmäßig bestreuen. Teig eng aufrollen und in Folie gewickelt 1 Stunde kühlen.

Backofen auf 200 °C (oder 180 °C Umluft) vorheizen. Rolle in etwa ½ cm dicke Scheiben schneiden, diese auf mit Backpapier ausgelegte Backbleche legen und nacheinander etwa 13–15 Minuten backen. Schnecken auf einem Rost abkühlen lassen.

GRANATAPFEL-KNUSPERECKEN

ZUBEREITUNGSZEIT 20 Minuten + Backzeit

ZUTATEN für ca. 18 Stück

1 Bund Koriander
100 g Feta
3 EL Granatapfelkerne
2 TL Limettenschale
150 g Filoteig
50 ml Olivenöl
Salz, frisch gemahlener Pfeffer

Backofen auf 200 °C (oder 180 °C Umluft) vorheizen. Koriander waschen, trocknen und mit den weichen Stielen fein schneiden. Feta zerkrümeln. Beides mit Granatapfelkernen und Limettenschale mischen, mit Salz und Pfeffer würzen. Filoteig in große Quadrate (ca. 25 x 25 cm) schneiden. Ein Backblech mit Backpapier auslegen.

Eine Lage Filoteig auf das Backpapier legen und mit Olivenöl bestreichen. Ein zweites Blatt darauflegen und ebenfalls ölen. Mit einem dritten Blatt belegen und mit einem Drittel der Füllung bestreichen. Diesen Vorgang noch zweimal wiederholen. Die Füllung dann mit den restlichen drei Blättern abdecken, diese jeweils mit Öl bestreichen. Mit einem scharfen Messer 18 unterschiedlich große Dreiecke schneiden. Im Ofen ca. 30 Minuten backen. Warm servieren oder abkühlen lassen.

ROSMARIN-SABLÉS

ZUBEREITUNGSZEIT 25 Minuten + Kühl- und Backzeit

ZUTATEN für 36 Stück

---

2 Rosmarinzweige
60 g Gruyère
200 g Weizenmehl (Type 405)
120 g kalte Butter
1 Prise Salz

Rosmarinnadeln abzupfen und fein hacken. Käse fein reiben. Mehl in eine Schüssel oder auf die Arbeitsplatte geben. Butter in kleinen Flöckchen daraufgeben und mit Salz mit den Händen zu feinen Bröseln zerreiben. Rosmarin, Käse und 1–2 TL kaltes Wasser zufügen und alles zügig zu einem glatten Teig verkneten. Teig zu einer etwa 18 cm langen, gleichmäßig dicken Rolle formen und in Folie gewickelt 1 Stunde kühlen.

Backofen auf 200 °C (oder 180 °C Umluft) vorheizen. Die Rolle mit einem scharfen Messer in etwa ½ cm dicke Scheiben schneiden. Die Scheiben auf mit Backpapier ausgelegte Bleche legen und nacheinander etwa 12 Minuten pro Backblech backen. Kekse auf einem Rost abkühlen lassen.

OLIVENKEKSE

ZUBEREITUNGSZEIT 25 Minuten + Kühl- und Backzeit

ZUTATEN für ca. 50 Stück

40 g schwarze Oliven (ohne Stein)
120 g weiche Butter
35 g Puderzucker
250 g Weizenmehl (Type 405)
zzgl. etwas zum Ausrollen
Salz

Oliven fein hacken. Butter und Puderzucker mit den Quirlen des Handrührgerätes cremig rühren. Mehl, Oliven und Salz zugeben und weiterrühren. Anschließend mit den Händen zügig zu einem glatten Teig verkneten. In Folie gewickelt 1 Stunde kühlen.

Backofen auf 200 °C (oder 180 °C Umluft) vorheizen. Teig auf wenig Mehl etwa 3 mm dünn ausrollen und mit einem runden Ausstecher (ca. ø 4 cm) Kreise ausstechen. Diese auf mit Backpapier ausgelegte Backbleche legen und nacheinander etwa 13–15 Minuten pro Backblech backen. Kekse auf einem Rost abkühlen lassen.

GRISSINI
mit Lavendelsalz

ZUBEREITUNGSZEIT 25 Minuten + Geh- und Backzeit

ZUTATEN für 24 Stück

---

330 g Dinkelmehl (Type 630)
zzgl. etwas zum Formen
10 g frische Hefe
10 ml Milch
10 ml Olivenöl
2 TL Zitronenschale
7 g Salz
2 TL getrocknete Lavendelblüten
2 TL weiße Pfefferkörner
1 TL grobes Meersalz
Olivenöl zum Einfetten und Bestreichen

Das Mehl in eine Schüssel geben und die Hefe hineinbröseln. Milch mit 200 ml Wasser erwärmen. Olivenöl und Zitronenschale zum Mehl geben und am besten in einer Küchenmaschine mit Knethaken langsam verkneten, dabei das Wasser-Milch-Gemisch langsam einfließen lassen. Ist der Teig weich genug, nicht alles zugeben. 4 Minuten auf kleinster Stufe kneten, dann 4 Minuten auf mittlerer Stufe. Salz hinzufügen und weitere 2 Minuten kneten.

Teig in eine leicht geölte Schüssel geben, mit Folie abdecken und an einem warmen Ort 2 Stunden gehen lassen. Gewürze in einen Mörser füllen und grob zerstoßen. Nach 1 Stunde mit einem Teigschaber die Außenkanten des Teigs in der Schüssel mehrmals nach innen falten, sodass etwas Spannung im Teig entsteht. Alternativ mit leicht geölten Händen arbeiten. 30 Minuten weitergehen lassen und erneut den Teig falten. Nach weiteren 30 Minuten den Teig auf einer bemehlten Arbeitsfläche zu einem ca. 5 mm dicken Quadrat ausrollen. Der Teig sollte nicht an der Arbeitsfläche haften. 5 Minuten ruhen lassen.

Backofen auf 170 °C Umluft vorheizen. Mit einem scharfen Messer 20 dünne Streifen aus dem Teig schneiden. Diese auf mit Backpapier ausgelegte Backbleche legen, mit Olivenöl bestreichen und mit den Gewürzen bestreuen. Nochmals 15 Minuten ruhen lassen, danach im heißen Ofen etwa 35 Minuten knusprig backen. Auf einem Rost abkühlen lassen.

KNUSPERBÄLLCHEN

ZUBEREITUNGSZEIT 25 Minuten + Geh- und Backzeit

ZUTATEN für ca. 50 Bällchen

150 g Weizenmehl (Type 550)
5 g frische Hefe
5 ml Olivenöl
1 TL Orangenschale
1 EL getrocknete Tomatenflocken
½ TL Salz
1 TL grobes Meersalz
Olivenöl zum Einfetten und Bestreichen

Das Mehl in eine Schüssel geben und die Hefe hineinbröseln. Alle Zutaten, bis auf das Salz, zufügen. Am besten in einer Küchenmaschine mit Knethaken langsam verkneten, dabei 100–110 ml warmes Wasser langsam einfließen lassen. 4 Minuten auf kleinster Stufe kneten, dann 4 Minuten auf mittlerer Stufe. Das normale Salz hinzufügen und weitere 2 Minuten kneten.

Die Schüssel leicht ölen, mit Folie abdecken und an einem warmen Ort 2 Stunden gehen lassen. Meersalz in einen Mörser füllen und grob zerstoßen. Nach 1 Stunde mit einem Teigschaber die Außenkanten des Teigs in der Schüssel mehrmals nach innen falten, sodass etwas Spannung im Teig entsteht. Alternativ mit leicht geölten Händen arbeiten. 30 Minuten weitergehen lassen und erneut den Teig falten. Nach weiteren 30 Minuten Teig auf einer bemehlten Arbeitsfläche zu einem ca. 5 mm dicken Quadrat ausrollen. Der Teig sollte nicht an der Arbeitsfläche haften. 5 Minuten ruhen lassen.

Backofen auf 170 °C Umluft vorheizen. Mit einem scharfen Messer zehn dünne Streifen aus dem Teig schneiden. Diese jeweils in fünf Stücke schneiden, zu Kugeln rollen und auf mit Backpapier ausgelegte Backbleche legen, mit Olivenöl bestreichen und mit dem Meersalz bestreuen. Nochmals 15 Minuten ruhen lassen, danach im heißen Ofen etwa 35 Minuten knusprig backen. Auf einem Rost abkühlen lassen.

KLEINIGKEITEN

PARMESAN-WINDBEUTEL

ZUBEREITUNGSZEIT 30 Minuten + Backzeit

ZUTATEN für 25 Stück

45 g Butter
1 TL Salz
130 g Weizenmehl (Type 405)
80 g Parmesan
3 Eier
Schale von ½ Bio-Zitrone

Butter mit Salz und 130 ml Wasser in einem Topf schmelzen lassen. Hitze auf die kleinste Stufe reduzieren und das Mehl hinzugeben. Mit einem Kochlöffel ständig rühren, bis sich ein Kloß bildet und am Topfboden eine milchig-weiße Schicht entsteht. Jetzt ca. 30 Sekunden weiterrühren.

Backofen auf 200 °C vorheizen. Parmesan fein reiben. Eier nach und nach mit den Quirlen eines Handrührgerätes unter den leicht abgekühlten Teig rühren. Parmesan und Zitronenschale unterrühren. Einen Spritzbeutel mit einer mittelgroßen Sterntülle versehen und den Teig einfüllen. Auf mit Backpapier ausgelegte Backbleche kleine Kugeln aufspritzen. Dabei großzügig Abstand lassen, da die Windbeutel aufgehen. Die Bleche nacheinander jeweils etwa 20 Minuten backen. Die Ofentür dabei nicht öffnen, da die Windbeutel sonst zusammenfallen können. Auf einem Rost abkühlen lassen oder warm genießen.

GEFÜLLTE HEFEBRÖTCHEN
mit Hackfleisch und Kräutern

ZUBEREITUNGSZEIT 45 Minuten + Geh- und Backzeit

ZUTATEN für 16 Stück

Für den Teig
550 g Weizenmehl (Type 405)
1 ½ EL Trockenhefe
50 ml Milch
2 Eier
50 ml Rapsöl
1 EL Zucker
1 TL Salz
1 Eigelb
1 EL Milch
Sesam
Öl zum Einfetten

Für die Füllung
180 g Rinderhackfleisch
1 EL Öl
3 TL Tomatenmark
2 Knoblauchzehen
2 TL rosenscharfes Paprikapulver
½ Bund Koriander
1 EL Schmand
Salz, Cayennepfeffer

Mehl in eine Schüssel geben, die Hefe dazugeben und untermischen. Milch mit 150 ml Wasser lauwarm erwärmen und mit den Eiern, Öl, Zucker und Salz zum Mehl geben. Zu einem glatten Teig kneten, zum Schluss nochmals kurz von Hand durchkneten. Die Schüssel leicht ölen, abdecken und den Teig 1 Stunde an einem warmen Ort gehen lassen.

Für die Füllung das Hackfleisch im Öl krümelig braten. Tomatenmark unterrühren, Knoblauch schälen, hineinpressen und mit Paprikapulver, Cayennepfeffer und Salz würzen. Alles kurz mitbraten. Pfanne vom Herd nehmen. Koriander waschen, trocknen und mit den weichen Stielen fein schneiden. Zusammen mit dem Schmand unter die leicht abgekühlte Hackfleischmischung rühren.

Den fertig gegangenen Teig kurz durchkneten und in 16 Stücke teilen. Diese leicht flach drücken und jeweils ca. 1 TL Füllung in die Mitte geben. Teigränder darüberschlagen und mit den Fingern die Naht fest zusammendrücken. Brötchen mit der Naht nach unten auf die Arbeitsfläche setzen und mit der darüber fast geschlossenen Hand rund rollen. Die Naht soll durch den Druck dabei leicht auf der Arbeitsfläche kleben und die drehende Bewegung der Hand formt das Brötchen rund. Brötchen auf mit Backpapier belegte Backbleche setzen und mit einem Tuch abgedeckt 20 Minuten gehen lassen.

Backofen auf 180 °C (oder 160 °C Umluft) vorheizen. Eigelb mit der Milch verrühren, die Brötchen damit bestreichen und mit dem Sesam bestreuen. Backbleche im Ofen nacheinander ca. 30 Minuten backen. Auf einem Rost abkühlen lassen oder warm genießen.

ENGLISCHE MAISBISCUITS

ZUBEREITUNGSZEIT 25 Minuten + Backzeit

ZUTATEN für ca. 20 Stück

---

100 g Maiskolben, vorgegart
½ kleine rote Zwiebel
30 g Cheddar
300 g Weizenmehl (Type 405)
50 g kalte Butter
1 TL Salz
1 EL Zucker
2 ½ TL Backpulver
250 ml Buttermilch
60 g Crème fraîche
frisch gemahlener Pfeffer

Maiskolben aufstellen und die Körner mit einem scharfen Messer von oben nach unten vom Kolben schneiden. Körner mit den Händen separieren. Zwiebel schälen, fein würfeln, Cheddar fein reiben. Backofen auf 220 °C (oder 200 °C Umluft) vorheizen.

Mehl in eine Schüssel oder auf die Arbeitsplatte geben. Butter in kleinen Flöckchen daraufgeben und mit Salz, Zucker, Backpulver und Pfeffer mit den Händen zu feinen Bröseln zerreiben. Mit den Quirlen des Handrührgerätes Mais, Zwiebeln, Cheddar, Buttermilch und Crème fraîche zügig unterkneten. Teig esslöffelweise auf mit Backpapier belegte Backbleche verteilen und nacheinander etwa 12–15 Minuten backen. Bei Umluft kann man auch zwei Backbleche auf einmal backen. Biscuits auf einem Rost abkühlen lassen.

FILORÖLLCHEN

ZUBEREITUNGSZEIT 25 Minuten + Backzeit

ZUTATEN für 6 Stück

120 g rotes Pesto
30 g Tahini (Sesampaste)
Agavendicksaft
120 g Filoteig
Olivenöl zum Bestreichen

Backofen auf 180 °C (oder 160 °C Umluft) vorheizen. Pesto mit Tahini verrühren und mit Agavendicksaft abschmecken. Filoteig zu Quadraten schneiden (ca. 15 x 15 cm). Eine Lage Filoteig mit Olivenöl bestreichen, mit einer zweiten Lage abdecken und nochmals ölen. Eine dritte Lage darauflegen. Das untere Viertel mit etwas Pestomischung bestreichen. Die Ränder rechts und links etwa 1 cm einschlagen. Jetzt den Teig von unten nach oben einrollen. Röllchen mit der Naht nach unten auf ein mit Backpapier belegtes Backblech setzen und erneut mit etwas Olivenöl bestreichen. Alle sechs Röllchen auf diese Weise zubereiten.

Röllchen im Ofen 20–25 Minuten backen, auf einem Rost abkühlen lassen oder heiß genießen.

GEFÜLLTE HEFESCHNECKEN

ZUBEREITUNGSZEIT 35 Minuten + Geh- und Backzeit

ZUTATEN für 12 Stück

Für den Teig

300 g Weizenmehl (Type 405)
zzgl. etwas zum Kneten
130 g Weizenvollkornmehl
1 Päckchen Trockenhefe
1 ½ TL Salz
1 EL Zucker
100 g Sahne
1 Ei
Öl zum Einfetten

Für die Füllung

100 g getrocknete Tomaten in Öl
50 g Parmesan
100 g Mozzarella
2 Knoblauchzehen
1 Bund Thymian
1 Bund Basilikum
2 EL Tomatenmark

Mehl in eine Schüssel geben, die Hefe dazugeben und untermischen. Salz und Zucker zugeben. Sahne mit 150 ml Wasser mischen, lauwarm erwärmen, zum Mehl geben und mit dem Ei zu einem glatten Teig verkneten. Die Schüssel leicht ölen und den Teig darin abgedeckt 1 ½ Stunden an einem warmen Ort gehen lassen.

Währenddessen 3 EL vom Tomatenöl beiseitestellen. Rest abgießen, die Tomaten abtropfen lassen und fein hacken. Parmesan reiben. Mozzarella würfeln. Knoblauch schälen und pressen. Thymian und Basilikum waschen, trocknen und die Blätter abzupfen. Basilikum in Streifen schneiden.

Den fertig gegangenen Teig kurz auf der Arbeitsfläche durchkneten. Auf etwas Mehl zu einem Rechteck (40 x 30 cm) ausrollen. Etwas Tomatenöl, Knoblauch und Tomatenmark verrühren und zwei Drittel des Teigs damit bestreichen. Mit den restlichen Zutaten gleichmäßig belegen. Teig von der Längsseite her aufrollen. Die Naht mit den Fingern zusammendrücken und die Rolle mit einem scharfen Messer in zwölf Stücke schneiden.

Schnecken mit Abstand auf ein mit Backpapier ausgelegtes Backblech legen und weitere 20 Minuten gehen lassen. Währenddessen den Backofen auf 180 °C (oder 160 °C Umluft) vorheizen. Schnecken mit dem restlichen Tomatenöl bestreichen und 25–30 Minuten backen. Warm genießen oder auf einem Rost abkühlen lassen.

MAISMUFFINS
mit Salsicciafüllung

ZUBEREITUNGSZEIT 25 Minuten + Backzeit

ZUTATEN für 12 Stück

200 g frische Salsiccia
(italienische Bratwurst)

1 EL Olivenöl

100 g gegrillte Paprika, aus dem Glas

200 g Maismehl

100 g Weizenmehl (Type 405)

80 g Stärke

2 gehäufte TL Backpulver

25 g Zucker

200 ml Buttermilch

60 ml Olivenöl

2 Eier

Salz, frisch gemahlener Pfeffer

Butter zum Einfetten

Die Haut der Salsiccia leicht anritzen und abziehen. Aus dem Brät zwölf Kugeln formen, diese im Olivenöl rundherum 5 Minuten knusprig braten. Auf Küchenpapier abtropfen lassen. Paprika abtropfen lassen und fein würfeln.

Backofen auf 180 °C (oder 160 °C Umluft) vorheizen. Mehl, Stärke, Backpulver, Zucker, Buttermilch, Olivenöl und Eier mischen und mit den Quirlen des Handrührgerätes zu einem glatten Teig verkneten. Mit Salz und Pfeffer kräftig würzen, drei Viertel der Paprikawürfel unterrühren. Eine Muffinform buttern, zwei Drittel des Teigs darin verteilen. Salsicciabällchen in den Teig drücken und restlichen Teig darauf verteilen. Zum Schluss mit den übrigen Paprikawürfeln bestreuen und im heißen Ofen ca. 25 Minuten backen. Kurz abkühlen lassen und dann aus der Form lösen.

KLEINE MÖHRENGUGELHUPFE

ZUBEREITUNGSZEIT 30 Minuten + Geh- und Backzeit

ZUTATEN für 12 Stück

200 g Weizenmehl (Type 405)

½ **Würfel** frische Hefe

½ TL Salz

1 TL Zucker

130 ml Milch

50 g gemahlene Haselnüsse

120 g Karotten

70 g Emmentaler

50 g weiche Butter

zzgl. etwas zum Einfetten

Salz, frisch gemahlener Pfeffer

Öl zum Einfetten

Mehl in eine Schüssel geben und Hefe hineinbröseln. Salz und Zucker zugeben. Milch lauwarm erwärmen und mit der Mehlmischung zu einem glatten Teig verkneten. Die Schüssel leicht ölen und den Teig darin abgedeckt 30 Minuten an einem warmen Ort gehen lassen.

Währenddessen die Haselnüsse in einer Pfanne ohne Fett trocken rösten, bis sie anfangen zu duften. Dabei ab und zu umrühren. Sofort auf einen Teller zum Abkühlen geben. Karotten schälen und fein reiben. Emmentaler ebenfalls fein reiben. Haselnüsse, Karotten, Butter und 1 kräftigen Prise Salz und Pfeffer unter den gegangenen Teig kneten. Erneut abdecken und weitere 60 Minuten gehen lassen.

Backofen auf 180 °C (oder 160 °C Umluft) vorheizen. Eine Minigugelhupfform buttern. Teig gleichmäßig mit einem Löffel auf die Förmchen verteilen und glatt streichen. 25–30 Minuten goldbraun backen. Kurz abkühlen lassen und auf einen Rost stürzen.

LAUCHSCONES

ZUBEREITUNGSZEIT 20 Minuten + Kühl- und Backzeit

ZUTATEN für 12 Stück

80 g Emmentaler
70 g Lauch
420 g Weizenmehl (Type 405)
2 EL Zucker
1 Päckchen Backpulver
1 TL Salz
75 g kalte Butter
2 Eier
150 ml Buttermilch

Emmentaler fein reiben. Lauch putzen und fein würfeln. Mehl, Zucker, Backpulver und Salz in einer Schüssel mischen. Butter in kleinen Flocken dazugeben. Alles mit den Händen zu feinen Streuseln zerreiben. Eier und Buttermilch mit den Knethaken des Handrührgerätes unter die Streusel kneten, sodass ein glatter Teig entsteht. Emmentaler und Lauch ebenfalls unterkneten. Der Teig ist recht klebrig. 30 Minuten kühlen.

Backofen auf 220 °C (oder 200 °C Umluft) vorheizen. Auf einer bemehlten Arbeitsfläche den Teig etwa 10 cm dick ausrollen. Mit einem Messer in zwölf etwa gleich große Stücke schneiden. Die Form kann variieren. Auf ein mit Backpapier ausgelegtes Backblech setzen und im heißen Ofen 25–30 Minuten backen. Auf einem Rost abkühlen lassen oder warm genießen.

KARTOFFELSOUFFLÉS

ZUBEREITUNGSZEIT 30 Minuten + Backzeit

ZUTATEN für 8 Stück

250 g mehligkochende Kartoffeln
120 g Pecorino
2 Stängel glatte Petersilie
3 Eier
20 g weiche Butter
zzgl. etwas zum Einfetten
40 g Sahne
2 EL Stärke
Salz, frisch gemahlener Pfeffer

Kartoffeln schälen und in reichlich Salzwasser gar kochen. Backofen auf 180 °C vorheizen. Pecorino fein reiben. Petersilie waschen, trocknen und mit den weichen Stielen fein schneiden. Eier trennen und Eiweiß mit 1 Prise Salz steif schlagen. Kleine ofenfeste Förmchen oder Tassen buttern.

Kartoffeln abgießen und heiß durch eine Kartoffelpresse drücken. Käse, Petersilie, Butter, Sahne, Stärke und die Eigelbe unterrühren. Kräftig mit Salz und Pfeffer würzen. Den Eischnee portionsweise unterheben und die Masse in den Förmchen verteilen. Im Ofen 20–25 Minuten backen, dabei nicht die Ofentür öffnen, damit die Soufflés nicht zusammenfallen. Sofort servieren.

SNACKS

53

OFENSCHLUPFER
mit Oliven

ZUBEREITUNGSZEIT 30 Minuten + Backzeit

ZUTATEN für 3–4 Portionen

180 g grüne Oliven (ohne Stein)
120 g getrocknete Tomaten in Öl
1 Zwiebel
1 EL Butterschmalz
2 Knoblauchzehen
1 Bund Kerbel
100 g Gruyère
4 Eier
100 g Sahne
150 ml Milch
150 g Brot (z. B. Graubrot)
150 g Ricotta
Salz, frisch gemahlener Pfeffer
Butter zum Einfetten

Oliven in Scheiben schneiden. Tomaten abtropfen lassen und in Streifen schneiden. Zwiebel schälen, fein würfeln und im Butterschmalz glasig dünsten. Knoblauch schälen und dazupressen, anschließend die Pfanne vom Herd nehmen. Kerbel waschen, trocknen und mit den weichen Stielen fein schneiden. Alles mischen. Gruyère fein reiben. Eier mit Sahne und Milch verquirlen und mit Salz und Pfeffer kräftig würzen. Brot grob würfeln.

Eine Auflaufform (ca. 30 x 15 cm) oder vier kleine Auflaufförmchen buttern. Ein Drittel der Brotwürfel einfüllen, die Hälfte der Olivenmischung und des Ricottas darauf verteilen. Das Schichten wiederholen. Mit einer Schicht Brot und Käse abschließen.

Backofen auf 180 °C (oder 160 °C Umluft) vorheizen. Die Eier-Milch-Mischung gleichmäßig über den Brotauflauf gießen. Im heißen Ofen für 30–40 Minuten backen, der Käse sollte goldbraun werden und die Flüssigkeit gestockt sein. Warm genießen.

KÄSE-KÜCHLIS

ZUBEREITUNGSZEIT 30 Minuten + Kühl- und Backzeit

ZUTATEN für 8 Tartelettes

250 g Weizenmehl (Type 405)
¼ TL Salz
120 g kalte Butter
zzgl. etwas zum Einfetten
3 Eier
200 g würziger Bergkäse
100 g Mascarpone
50 ml Milch
geriebene Muskatnuss
Salz, frisch gemahlener Pfeffer

Mehl und Salz in eine Schüssel oder auf die Arbeitsplatte geben. Butter in kleinen Flöckchen daraufgeben und mit den Händen zu feinen Bröseln zerreiben. Ein Ei hinzufügen und mit 1–2 EL kaltem Wasser zügig zu einem glatten Teig verkneten. Teig in Folie wickeln und 1 Stunde kühlen.

Backofen auf 200 °C (oder 180 °C Umluft) vorheizen. Käse fein reiben und mit Mascarpone, Milch und den restlichen Eiern glatt verrühren. Mit Muskatnuss, Salz und Pfeffer kräftig würzen. Nach der Kühlzeit Teig auf etwas Mehl dünn ausrollen und ca. 2–3 cm größer als die Tarteletteförmchen ausschneiden. Förmchen mit Butter fetten und die Teigkreise hineinlegen, andrücken und mit einer Gabel den Boden mehrmals einstechen.

Förmchen auf ein mit Backpapier ausgelegtes Backblech stellen und gleichmäßig die Käsemischung darauf verteilen. Im heißen Ofen 25–30 Minuten goldbraun backen.

WARM GENIESSEN!

BRIEPÄCKCHEN
mit Kirschmarmelade

ZUBEREITUNGSZEIT 15 Minuten + Backzeit

ZUTATEN für 12 Stück

120 g fester Brie oder Camembert
½ Bund Zitronenthymian
1 Rolle Blätterteig aus dem Kühlregal
90 g Sauerkirschmarmelade
1 Eigelb
1 EL Milch

Backofen auf 220 °C vorheizen. Brie in zwölf gleich große Stücke schneiden. Thymian waschen, trocknen und die Blättchen abzupfen. Blätterteig in zwölf gleich große Quadrate schneiden und die Mulden einer Muffinform damit auslegen.

Je ein Stück Brie in jede Mulde geben. Mit Marmelade toppen und mit Thymianblättchen bestreuen. Die Ecken des Blätterteigs zusammennehmen und leicht zu einem Säckchen eindrehen. Eigelb mit Milch verrühren und die Säckchen damit bestreichen. Mit einer Gabel den Teig mehrmals einstechen.

Im heißen Ofen ca. 12 Minuten goldbraun backen. Auf einem Gitter etwas abkühlen lassen oder kalt genießen.

FILOSCHNECKE
mit Lauch, Spinat und Feta

ZUBEREITUNGSZEIT 40 Minuten + Backzeit

ZUTATEN für 3–4 Portionen (oder in schmale Häppchen schneiden)

1 Zwiebel (ca. 80 g)
100 g Lauch
4 Stängel glatte Petersilie
2 EL Pflanzenöl
450 g TK-Blattspinat, aufgetaut und ausgedrückt
2 EL Granatapfelsirup
2 EL flüssiger Honig
100 g Feta
150 g Filoteig
30 ml Olivenöl
Salz, frisch gemahlener Pfeffer

Zwiebel schälen und fein würfeln. Lauch putzen, halbieren und in feine Streifen schneiden. Petersilie waschen, trocknen und mit den weichen Stielen grob hacken. Zwiebeln und Lauch bei mittlerer Hitze in Pflanzenöl 4–5 Minuten glasig dünsten. Spinat dazugeben und weitere 4 Minuten mitdünsten, Pfanne vom Herd nehmen. Mit Salz und Pfeffer kräftig würzen, Granatapfelsirup, Honig und zerkrümelten Feta unterrühren.

Backofen auf 180 °C vorheizen. Eine Springform (ø 24–28 cm) mit Backpapier auslegen oder eine Tarte- oder Auflaufform leicht fetten. Filoteig auf zwölf etwa 35 x 15 cm große Stücke zurechtschneiden. Die erste Lage dünn mit Olivenöl bestreichen, darauf eine zweite Lage geben und ebenfalls mit Olivenöl bestreichen. Mit einer dritten Lage abdecken und ein Viertel der Füllung auf dem länglichen unteren Drittel verteilen. Von der länglichen Seite her zu einer Rolle aufrollen. Diese zu einer Schnecke aufrollen und mit der Naht nach unten in die Mitte der Backform setzen. Auf diese Weise noch drei weitere Rollen herstellen und jeweils ans Ende der vorherigen Schnecke anfügen, sodass nach und nach eine große Schnecke entsteht.

Fertige Schnecke nochmals mit dem restlichen Olivenöl bestreichen und im heißen Ofen ca. 30 Minuten knusprig backen. Sofort genießen oder ausgekühlt in kleine Tortenstücke schneiden und als kalte Häppchen servieren.

ZUM SERVIEREN KANN MAN DIE PÄCKCHEN Z.B. MIT DEN STIELEN IN EIN GLAS STECKEN, DAS MIT SALZ GEFÜLLT IST. EIN PERFEKTES FINGERFOOD

GARNELENPÄCKCHEN
am Stiel

ZUBEREITUNGSZEIT 25 Minuten + Backzeit

ZUTATEN für 16 Stück

130 g geschälte rohe Garnelen
5 Korianderstängel
1 TL rote Currypaste
1 TL Sojasauce
1 kleine Knoblauchzehe
1 Rolle Blätterteig aus dem Kühlregal
1 Eigelb
1 EL Milch

Backofen auf 220 °C vorheizen. Holzspieße in Wasser einlegen. Garnelen und Koriandergrün waschen und trocknen. Koriander in grobe Stücke schneiden und mit Currypaste, Sojasauce und der Knoblauchzehe fein mixen. Garnelen zugeben und kurz untermixen. Es soll eine homogene Masse entstehen, aber nicht zu lange mixen, sonst garen die Garnelen bereits im Mixer durch die Hitze.

Blätterteig längs halbieren, dann quer achtmal durchschneiden, sodass 16 Rechtecke entstehen. Die Garnelenmasse auf den unteren, schmalen Hälften der Rechtecke verteilen. Je einen Holzspieß pro Päckchen in die Garnelenmasse drücken. Die leere Hälfte des Teigs darüberklappen und mit einer kleinen Gabel die Ränder der Päckchen fest andrücken. Päckchen auf zwei mit Backpapier belegte Backbleche legen.

Eigelb und Milch mischen und die Päckchen damit bestreichen. Mit einer Gabel den Teig einmal einstechen. Nacheinander im Ofen 10–12 Minuten backen. Auf einem Rost abkühlen lassen oder gleich genießen.

RICOTTA-PIES
mit Feigen

ZUBEREITUNGSZEIT 25 Minuten + Kühl- und Backzeit

ZUTATEN für 4 Stück (Ø 12 cm)

Für den Teig
120 g Butterschmalz
60 ml Milch
400 g Weizenmehl (Type 405)
½ TL Salz
1 Ei

Für die Füllung
8 Thymianstängel
300 g Ricotta
1 Ei
1 TL Zitronenschale
4 frische Feigen (à ca. 50 g)
1 Eigelb
1 EL Milch
Salz, frisch gemahlener Pfeffer

Butterschmalz in der Milch und 90 ml Wasser langsam schmelzen, dann einmal aufkochen. Mehl, Salz und das Ei in einer Schüssel mischen, die Schmalzmischung dazugießen und sofort zu einem glatten Teig kneten, am Ende mit den Händen nochmals kurz durchkneten. In Folie wickeln und 30 Minuten kühlen.

Backofen auf 220 °C (oder 200 °C Umluft) vorheizen. Für die Füllung Thymianblättchen abzupfen und mit Ricotta, dem Ei und der Zitronenschale mischen. Mit Salz und Pfeffer würzen. Feigen waschen und achteln.

Gekühlten Teig dünn ausrollen. Je ein kleines Tarteförmchen (ø ca. 12 cm) darauflegen und den Teig ca. 1 ½ cm größer als das Förmchen ausschneiden. Teig in die Förmchen legen, dabei einen ca. 3–4 cm hohen Rand formen. Füllung auf die Pies verteilen und je eine geachtelte Feige gefächert darauflegen. Den Rand etwas über die Füllung klappen. Eigelb und Milch verrühren und die Ränder damit bestreichen. Pies im heißen Ofen 22–25 Minuten backen und warm servieren.

HÄHNCHEN-WAFFEL-BURGER

ZUBEREITUNGSZEIT 45 Minuten

ZUTATEN für 5 Portionen oder 25 Mini-Burger

600 g Hähnchenbrust
6 EL Sweet-Chili-Sauce
2 EL Öl
2 Avocados
2 TL Zitronensaft
450 ml Milch
120 g Butter
280 g Weizenmehl (Type 405)
2 TL Backpulver
140 g Cheddar
2 Stängel glatte Petersilie
2 Eier
2 TL Salz
Salz, frisch gemahlener Pfeffer
Öl zum Einfetten

Backofen auf 200 °C vorheizen. Hähnchenbrust waschen, trocken tupfen und quer in ca. 1 ½ cm breite Stücke schneiden. Die Stücke mit der flachen Seite des Messers etwas platt klopfen, mit dem Öl mischen und mit Salz und Pfeffer würzen. Ein Backblech mit Backpapier auslegen und die Stücke darauf verteilen. Im heißen Ofen etwa 20–25 Minuten backen. In den letzten 5 Minuten die Sweet-Chili-Sauce darüber verteilen.

Avocados halbieren, die Steine entfernen und das Fruchtfleisch mit einer Gabel grob zermusen. Mit Zitronensaft verrühren, mit Salz und Pfeffer würzen.

Die Milch erhitzen und die Butter darin langsam schmelzen, anschließend abkühlen lassen. Mehl und Backpulver mischen. Cheddar fein reiben. Petersilie waschen, trocknen und mit den weichen Stielen fein schneiden. Eier mit Salz glatt rühren, Mehl dazugeben und ebenfalls glatt rühren. Dann die Butter-Milch-Mischung und zum Schluss Cheddar und Petersilie unterrühren.

Ein Herzwaffeleisen aufheizen und dünn ölen. Nacheinander zehn Waffeln backen. Die Hälfte der Waffeln mit der Avocadocreme bestreichen und mit der Hähnchenbrust belegen. Die andere Hälfte darauflegen und dann die Waffeln entlang der vorgeformten Linien in kleine Burger schneiden.

MEDITERRANER OFENSCHMARRN

ZUBEREITUNGSZEIT 30 Minuten + Backzeit

ZUTATEN 3–4 Portionen

30 g Polenta
30 g Weizenmehl (Type 405)
120 g Vollmilchquark
120 g Schmand
30 ml Milch
3 Eier
40 g Pecorino oder Parmesan
½ **Bund** Basilikum
1 Knoblauchzehe
40 g eingelegte, getrocknete Tomaten
10 g Kapern
1 **EL** Butter
Salz, frisch gemahlener Pfeffer

Backofen auf 180 °C vorheizen, dabei eine große Auflaufform auf einem mit Backpapier ausgelegten Backblech mit vorheizen. Polenta, Weizenmehl, Quark, Schmand und Milch verrühren. Eier trennen und das Eigelb ebenfalls unterrühren. 20 Minuten quellen lassen. Währenddessen den Käse reiben. Basilikum waschen, trocknen und die Blätter fein schneiden. Knoblauchzehe schälen und durchpressen. Tomaten abtropfen lassen und fein würfeln. Kapern grob hacken. Eiweiß mit 1 Prise Salz aufschlagen.

Alle Zutaten verrühren und würzen, Eiweiß erst zum Schluss vorsichtig unterheben. Auflaufform aus dem Ofen nehmen. Butter darin zerlassen, sodass die Form eingefettet ist, und die Schmarrnmasse einfüllen. Form zurück in den Ofen stellen und Masse 20–30 Minuten stocken lassen, je nach Größe der Auflaufform. Die Masse sollte so fest sein, dass man sie mit einem Pfannenwender in Stücke teilen kann. Die Stücke nun wenden und auf dem mit Backpapier ausgelegten Backblech 10–15 Minuten zu Ende garen. Warm genießen.

ORIENTALISCHE BLÄTTERTEIGROLLE
mit Lammhack

ZUBEREITUNGSZEIT 35 Minuten + Backzeit

ZUTATEN für 2 Rollen (etwa 2 Portionen oder aufgeschnitten als Häppchen)

30 g Zwiebel
1 TL Koriandersamen
1 TL Kreuzkümmel
5 Stängel glatte Petersilie
2 Knoblauchzehen
150 g Lammhackfleisch
1 EL Pflanzenöl
2 TL Tomatenmark
2 TL Tahini
1 Ei
1 Rolle Blätterteig aus dem Kühlregal
Zimt
Salz, frisch gemahlener Pfeffer
schwarze Sesamsamen zum Bestreuen

Zwiebel schälen und fein würfeln. Koriandersamen und Kreuzkümmel in einer Pfanne trocken rösten, bis sie anfangen zu duften. In einen Mörser füllen und fein zermahlen. Petersilie waschen, trocknen und mit den weichen Stielen fein schneiden. Knoblauchzehen pressen.

Backofen auf 220 °C (oder 200 °C Umluft) vorheizen. Lammhackfleisch im Öl ca. 8 Minuten krümelig braten. Zwiebeln unterrühren und 2–3 Minuten mitbraten. Pfanne vom Herd nehmen und Gewürzmischung, Petersilie, Knoblauch, Tomatenmark und Tahini einrühren. Mit Salz, Pfeffer und Zimt würzen. Das Ei trennen, Eiweiß mit einer Gabel kurz fluffig rühren und unter die Hackmischung rühren.

Blätterteig quer halbieren. Hackmischung auf die länglichen unteren Drittel der beiden Blätterteigstücke verteilen. Dabei einen kleinen Rand unten und an den Außenkanten freilassen. Nun den Teig von unten aufrollen, dabei das erste Drittel mit der Fleischfüllung komplett überklappen und zu einer Rolle zusammendrücken. Fertige Rollen auf ein mit Backpapier ausgelegtes Backblech setzen, mit der Naht nach unten. Eigelb verquirlen, die Rollen damit bepinseln und mit den schwarzen Sesamsamen bestreuen. Mit einem scharfen Messer den Teig 4–5-mal leicht schräg einschneiden und im heißen Ofen 20 Minuten backen. Auf einem Rost abkühlen lassen oder gleich genießen.

BLINIS
mit Lachsforellentatar

ZUBEREITUNGSZEIT 25 Minuten + Back- und Gehzeit

ZUTATEN für 25 kleine Blinis

Für die Blinis
15 g Butter
120 ml Buttermilch
2 Eier
50 g Weizenmehl (Type 405)
60 g Buchweizenmehl
15 g frische Hefe
1 TL Zucker
Salz

Für das Tatar
200 g geräucherte Lachsforelle
1 Bund Kerbel
2 TL fein abgeriebene Zitronenschale
4 TL Zitronensaft
50 g Vollmilchjoghurt
150 g Crème fraîche
Salz, frisch gemahlener Pfeffer
Butterschmalz zum Ausbacken

Butter in der Buttermilch langsam zerlassen, Mischung etwas abkühlen lassen. Eier trennen. Eigelbe mit den Mehlen, Salz und Zucker mischen. Hefe in der Buttermilchmischung auflösen und dazugeben. Mit den Quirlen des Handrührgerätes zu einem glatten Teig rühren und 40 Minuten abgedeckt gehen lassen.

Währenddessen die Lachsforelle in feine Würfel schneiden. Kerbel waschen, trocknen und fein schneiden. Lachsforelle und Kerbel mit der Zitronenschale und dem -saft mischen, mit Salz und Pfeffer würzen. Joghurt und Crème fraîche mischen.

Eiweiß steif schlagen und vorsichtig unter den gegangenen Teig heben. Etwas Butterschmalz in einer Pfanne erhitzen und den Teig esslöffelweise hineingeben. Nach etwa 1 Minute wenden, es bilden sich dicke Bläschen im Teig. Fertige Blinis am besten auf Küchenkrepp im vorgeheizten Ofen warm halten. Sind alle fertig gebacken, je einen Klecks Crème-fraîche-Mischung darauf verteilen und mit Lachsforellentatar toppen.

PIDE
mit Mangoldfüllung

ZUBEREITUNGSZEIT 40 Minuten + Gehzeit

ZUTATEN für 6 Stück

---

125 ml Milch

15 g frische Hefe

350 g Weizenmehl (Type 405)

1 TL Zucker

½ TL Salz

1 Ei

350 g grüner oder bunter Mangold

1 Zwiebel (etwa 80 g)

2 EL Olivenöl

200 ml Gemüsebrühe

30 g Gouda

Zucker

Salz, frisch gemahlener Pfeffer

Öl zum Einfetten

Milch und 100 ml Wasser lauwarm erwärmen und Hefe darin auflösen. Mehl, Zucker, Salz, das Ei und die Hefemischung in einer Schüssel mischen und mit den Knethaken des Handrührgerätes zu einem glatten Teig verarbeiten. Eine Schüssel leicht ölen und Teig darin abgedeckt an einem warmen Ort 1 ½ Stunden gehen lassen.

Inzwischen Mangold waschen, trocknen und die harten Stiele in 1 cm breite Stücke schneiden. Die weichen Blätter etwas größer lassen. Zwiebel schälen, fein würfeln und in Olivenöl 3 Minuten glasig dünsten. Mangold hinzugeben und weitere 4 Minuten dünsten. Brühe angießen und 3–4 Minuten leicht köcheln lassen. Mit Salz, Pfeffer und Zucker würzen. Abkühlen lassen. Gouda reiben.

Backofen auf 180 °C Umluft vorheizen. Die restliche Flüssigkeit vom Mangold abgießen und den Käse unterrühren. Teig auf einer leicht bemehlten Arbeitsfläche nochmals durchkneten und in sechs gleich große Stücke teilen. Jedes Stück länglich ausrollen und mit einem Sechstel der Mangoldmasse belegen. Dabei rundherum einen 2 cm breiten Rand frei lassen. Diesen erst oben und unten über die Füllung klappen, dann rechts und links, wodurch die Pide ihre typische, an den Enden spitze Form bekommen. Diese leicht nachformen und festdrücken.

Pide auf zwei mit Backpapier belegte Backbleche legen und im heißen Ofen etwa 25 Minuten goldbraun backen. Gleich genießen oder auf einem Rost abkühlen lassen.

BELEGT

MAN KANN DAS FLATBREAD AUCH WUNDERBAR IN STÜCKE SCHNEIDEN UND ALS SNACKS SERVIEREN

FLATBREAD
mit Basilikum und gegrillter Paprika

ZUBEREITUNGSZEIT 25 Minuten + Kühl- und Backzeit

ZUTATEN für 2 Flatbreads

1 **Bund** Basilikum
250 g Weizenmehl (Type 405)
50 g kalte Butter
1 ½ **TL** Salz
1 **TL** Zucker
100 g Sahne
130 ml Buttermilch
180 g gegrillte Paprika aus dem Glas
1–2 **EL** Olivenöl

Basilikum waschen, trocknen und die Blätter fein hacken. Mehl in eine Schüssel oder auf die Arbeitsplatte geben. Butter in kleinen Flöckchen daraufgeben und mit Salz, Zucker und Basilikum mit den Händen zu feinen Bröseln zerreiben. Mit dem Knethaken des Handrührgerätes Sahne und Buttermilch zügig unterarbeiten. Teig in Folie wickeln und 30 Minuten kühlen.

Backofen auf 250 °C vorheizen, dabei einen Pizzastein in der Mitte des Ofens mit vorheizen. Alternativ funktioniert das auch mit einem umgedrehten Backblech. Paprika grob würfeln. Teig in zwei Portionen teilen und auf wenig Mehl sehr dünn ausrollen. Auf ein Backpapier legen, mit etwas Olivenöl bepinseln, mit der Hälfte der Paprika belegen und mit dem Backpapier auf den Stein bzw. das Backblech geben. Etwa 12 Minuten knusprig braun backen, dann gleich das zweite Flatbread backen.

TOMATEN-TARTE-TATIN

ZUBEREITUNGSZEIT 20 Minuten + Backzeit

ZUTATEN für 1 Tarte (ca. ø 26 cm)

3 EL Olivenöl
1 EL flüssiger Honig
8 Salbeiblätter
500 g mittelgroße Tomaten
1 Rolle Blätterteig aus dem Kühlregal
Salz, frisch gemahlener Pfeffer

Backofen auf 220 °C (oder 200 °C Umluft) vorheizen. Tarteform mit etwa der Hälfte des Olivenöls einfetten. Honig über den Boden sprenkeln. Salbeiblätter waschen, trocknen und sternförmig in der Form verteilen. Boden salzen und pfeffern. Tomaten waschen, quer halbieren und mit der Schnittstelle nach unten in die Form setzen. Blätterteig etwas größer als die Form schneiden. Teig über die Tomaten legen, etwas am Rand fest drücken und rundherum zuschneiden. Mit einer Gabel einige Male einstechen.

Im Ofen 16–18 Minuten knusprig backen. Kurz abkühlen lassen. Dann vorsichtig die entstandene Flüssigkeit abgießen. Form mit einem großen Teller abdecken und schnell wenden, sodass der Blätterteigboden unten ist.

WARM
GENIESSEN!

ZWIEBELKUCHEN
mit roten Zwiebeln

ZUBEREITUNGSZEIT 40 Minuten + Geh- und Backzeit

ZUTATEN für 1 Kuchen

Für den Teig

250 g Weizenmehl (Type 405)

½ Würfel Hefe

150 ml Milch

1 TL Zucker

1 TL Salz

50 g weiche Butter

Für den Belag

500 g rote Zwiebeln

70 g Butter

1 EL Mehl

2 Eier

50 g Sahne

50 ml Weißwein

80 g Schinkenspeckwürfel

gemahlener Koriander

Salz, frisch gemahlener Pfeffer

Mehl in eine Schüssel füllen, eine Mulde formen und Hefe hineinbröseln. Milch lauwarm erwärmen und mit dem Zucker über die Hefe gießen. Etwas Mehl vom Rand dazurühren und die Schüssel abdecken und die Hefe 20 Minuten gehen lassen. Salz und Butter dazugeben und alles glatt verkneten. Schüssel erneut abdecken und an einem warmen Ort 1 Stunde gehen lassen.

Währenddessen die Zwiebeln fein würfeln und in der Butter ca. 8 Minuten glasig dünsten. Sie sollen nicht bräunen. Das Mehl unterrühren und 2–3 Minuten mitbraten. Zwiebeln abkühlen lassen. Eier, Sahne und Weißwein verquirlen, großzügig mit Salz, Pfeffer und Koriander kräftig würzen.

Backofen auf 200 °C (oder 180 °C Umluft) vorheizen. Den Boden einer Springform (ø 26 cm) mit Backpapier auslegen. Zwei Drittel des Teigs auf Backformgröße ausrollen und den Boden damit auslegen. Den Rest des Teiges zu einem gleichmäßigen Strang rollen, diesen an den Rand der Form legen und mit den Fingern zu einem flachen Rand drücken. Zwiebeln mit der Sahnemischung verrühren und in die Form füllen. Mit dem Schinkenspeck bestreuen und im heißen Ofen ca. 40 Minuten backen. Heiß servieren.

KLEINE FLAMMKUCHEN
mit Asialachs

ZUBEREITUNGSZEIT 25 Minuten + Geh- und Backzeit

ZUTATEN für 2 Flammkuchen

125 g Mehl (Type 405)
1 TL Trockenhefe
1 EL Olivenöl
¼ TL Salz
300 g Lachsfilet
10 g Ingwer
1 EL Honig
2 EL Sojasauce
1 TL Sesamsamen
1 gelbe Paprika
4 Frühlingszwiebeln
40 g Sweet-Chili-Sauce
40 g Crème fraîche
1 TL rote Currypaste
Öl zum Einfetten

Mehl in eine Schüssel geben und Hefe untermischen. Öl und Salz zugeben und mit 55 ml warmem Wasser zu einem glatten Teig kneten. Insgesamt sollte der Teig etwa 8–10 Minuten geknetet werden, 5 Minuten davon mit der Hand. Die Schüssel leicht ölen und den Teig darin abgedeckt 2 Stunden an einem warmen Ort gehen lassen.

Den Backofen mit einem Pizzastein in der Mitte des Ofens auf 250 °C vorheizen. Alternativ funktioniert es auch mit einem umgedrehten Backblech. Lachsfilet waschen, trocken tupfen und quer in 1 ½ cm breite Streifen schneiden. Ingwer schälen und fein reiben. Mit Honig, Sojasauce und Sesam mischen und den Lachs damit marinieren. Paprika waschen, entkernen und in feine Streifen schneiden. Frühlingszwiebeln ebenfalls waschen und in feine Ringe schneiden. Sweet-Chili-Sauce, Crème fraîche und Currypaste mischen.

Fertig gegangenen Teig halbieren und den ersten Flammkuchen auf wenig Mehl sehr dünn ausrollen. Fladen auf einen bemehlten Pizzaschieber oder ein Holzbrett legen, mit der Hälfte der Crème-fraîche-Mischung bestreichen und mit der Hälfte der restlichen Zutaten belegen. Flammkuchen direkt vom Schieber in den heißen Ofen auf den Stein oder das Backblech geben und die Tür schnell schließen. In etwa 10–12 Minuten goldbraun backen. In der Zwischenzeit den nächsten Flammkuchen vorbereiten und gleich im Anschluss backen.

ZWETSCHGEN-SPECK-KUCHEN

ZUBEREITUNGSZEIT 40 Minuten + Geh- und Backzeit

ZUTATEN für 1 großen Kuchen

Für den Teig

450 g Weizenmehl (Type 405)

½ Würfel frische Hefe

250 ml Milch

1 EL Zucker

1 Ei

1 ½ TL Salz

2 EL Crème fraîche

4 EL weiche Butter

Für den Belag

1 ½ kg Zwetschgen

6 EL Semmelbrösel

200 g Schinkenspeckwürfel

2 EL flüssige Butter

Mehl in eine Schüssel füllen, eine Mulde formen und Hefe hineinbröseln. Milch lauwarm erwärmen und mit dem Zucker über die Hefe gießen. Etwas Mehl vom Rand dazurühren und die Schüssel abdecken und die Hefe 20 Minuten gehen lassen. Salz, Crème fraîche und 2 EL der Butter dazugeben und alles glatt verkneten. Schüssel erneut abdecken und den Teig an einem warmen Ort 1 Stunde gehen lassen.

Währenddessen Zwetschgen waschen, halbieren und entkernen. Restliche Butter zerlassen. Backofen auf 200 °C (oder 180 °C Umluft) vorheizen. Ein Backblech buttern und mit Backpapier auslegen. Den Teig nochmals auf Mehl durchkneten und auf Backblechgröße ausrollen. Auf das Backblech legen und mit 2 EL Semmelbröseln bestreuen.

Zwetschgen mit der weichen Seite nach oben, fächerartig auf dem Teig verteilen, dabei einen dünnen Rand lassen. Mit etwas flüssiger Butter bestreichen und mit den Speckwürfeln bestreuen. Backblech in den heißen Ofen geben. Restliche Brösel mit der restlichen Butter mischen, nach 20 Minuten Backzeit auf dem Kuchen verteilen und weitere 15–20 Minuten zu Ende backen. Warm servieren oder auf einem Rost abkühlen lassen.

KARTOFFEL-UPSIDE-DOWN-TORTE

ZUBEREITUNGSZEIT 40 Minuten + Backzeit

ZUTATEN für 1 Torte (ø 26 cm)

650 g festkochende Kartoffeln

3 EL Olivenöl

250 g gemischtes Hackfleisch

3 TL Tomatenmark

½ Bund glatte Petersilie

2 EL Crème fraîche

200 g weiche Butter

50 g Puderzucker

3 Eier

250 g Weizenmehl (Type 405)

50 g Polenta (Maisgrieß)

3 TL Backpulver

Muskatnuss

Salz; frisch gemahlener Pfeffer

Kartoffeln schälen, grob würfeln und in 2 EL Olivenöl in einer Pfanne anbraten. Hitze reduzieren und die Kartoffeln abgedeckt 12 Minuten braten lassen. Zwischendurch einmal wenden. Salzen und abkühlen lassen. Hackfleisch im restlichen Olivenöl krümelig braten. Tomatenmark unterrühren, kurz mitbraten und Pfanne dann vom Herd nehmen. Petersilie waschen, trocknen und mit den weichen Stielen fein schneiden. Zum Hackfleisch geben, mit Salz und Pfeffer würzen und die Crème fraîche unterheben.

Für den Teig Butter, Puderzucker und 1 Prise Salz 6 Minuten cremig hell aufschlagen. Nacheinander die Eier unterrühren und immer warten, bis jedes Ei vollständig untergearbeitet ist. Masse kräftig mit Salz, Pfeffer und Muskat würzen. Mehl, Polenta und Backpulver mischen und zügig unter die Butter-Ei-Masse rühren.

Backofen auf 180 °C (oder 160 °C Umluft) vorheizen. Den Boden einer Springform (ø 26 cm) mit Backpapier auslegen. Zunächst die Kartoffeln, dann die Hackmasse gleichmäßig verteilen. Den Teig auf das Hackfleisch geben und glatt streichen. Im Ofen 30–35 Minuten backen. Mit einem Stäbchen testen, ob der Teig gar ist oder noch etwas kleben bleibt, ggf. einige Minuten länger backen und erneut die Stäbchenprobe machen.

Torte mit einem Messer vorsichtig vom Rand lösen, Springform mit einem großen Teller abdecken und beides zusammen, am besten mit Topfhandschuhen, zügig wenden, sodass die Torte auf den Teller gestürzt wird. Springform öffnen und Backpapier vorsichtig lösen. Torte warm oder abgekühlt genießen.

MINIPIZZA
mit Ziegenkäse und Walnüssen

ZUBEREITUNGSZEIT 30 Minuten + Geh- und Backzeit

ZUTATEN für 4 Minipizzen

Für den Teig

150 g Weizenmehl (Type 405) zzgl. etwas
zum Ausrollen

5 g frische Hefe

1 EL Olivenöl zzgl. etwas zum Einfetten

1 TL Salz

Für den Belag

1 Knoblauchzehe

70 g passierte Tomaten

75 g kleine Kirschtomaten

40 g Walnusskerne

75 g Ziegenfrischkäserolle

1 EL Honig

Salz, frisch gemahlener Pfeffer

Mehl in eine Schüssel geben und Hefe hineinbröseln. Öl und Salz zugeben und mit 70–80 ml warmem Wasser zu einem glatten Teig kneten. Insgesamt sollte der Teig 8–10 Minuten geknetet werden, 5 Minuten davon mit der Hand. Die Schüssel leicht ölen und den Teig darin abgedeckt 2 Stunden an einem warmen Ort gehen lassen.

Backofen auf 250 °C vorheizen, dabei einen Pizzastein in der Mitte des Ofens mit vorheizen. Alternativ funktioniert das auch mit einem umgedrehten Backblech. Knoblauch schälen und in die passierten Tomaten pressen. Mit Salz und Pfeffer würzen. Kirschtomaten waschen. Walnüsse grob hacken.

Den fertig gegangenen Teig vierteln und die Pizzen auf wenig Mehl sehr dünn ausrollen. Fladen mit den passierten Tomaten bestreichen. Kirschtomaten darauf verteilen, Ziegenkäse mit den Händen darüberbröseln und alles mit den Walnüssen bestreuen. Honig dünn darüberlaufen lassen. Pizzen nacheinander auf einen bemehlten Pizzaschieber oder ein Holzbrett legen und direkt in den heißen Ofen auf den Stein oder das Backblech geben, die Tür schnell schließen. Etwa 10 Minuten goldbraun backen lassen.

PIZZA
mit Steinpilzen

ZUBEREITUNGSZEIT 25 Minuten + Geh- und Backzeit

ZUTATEN für 2 Pizzen

Für den Teig
300 g Mehl (Type 405)
10 g frische Hefe
1 EL Olivenöl
1 ½ TL Salz
Öl zum Einfetten

Für den Belag
2 Knoblauchzehen
150 g passierte Tomaten
1 TL getrockneter Oregano
150 g Steinpilze
40 g Pecorino
2 EL Olivenöl
Salz, frisch gemahlener Pfeffer

Mehl in eine Schüssel geben und Hefe hineinbröseln. Öl und Salz zugeben und mit 140–160 ml warmem Wasser zu einem glatten Teig kneten. Insgesamt sollte der Teig 8–10 Minuten geknetet werden, 5 Minuten davon mit der Hand. Die Schüssel leicht ölen und den Teig darin abgedeckt 2 Stunden an einem warmen Ort gehen lassen.

Backofen auf 250 °C vorheizen, dabei einen Pizzastein in der Mitte des Ofens mit vorheizen. Alternativ geht auch ein umgedrehtes Backblech. Knoblauchzehen schälen und in die passierten Tomaten pressen. Mit Oregano, Salz und Pfeffer würzen. Steinpilze putzen und längs in Streifen schneiden. Pecorino reiben.

Fertig gegangenen Teig in zwei Teile teilen und die erste Pizza auf wenig Mehl sehr dünn ausrollen. Fladen auf einen bemehlten Pizzaschieber oder ein Holzbrett legen, mit Tomatensauce bestreichen und mit Steinpilzen belegen. Mit einem Pinsel 1 EL Olivenöl auf den Steinpilzen verteilen und alles mit dem Pecorino bestreuen. Pizza direkt vom Schieber in den heißen Ofen auf den Stein oder das Backblech geben und die Tür schnell schließen. Etwa 10 Minuten goldbraun backen. In der Zwischenzeit die nächste Pizza vorbereiten und gleich im Anschluss backen.

RATATOUILLE-TORTE

ZUBEREITUNGSZEIT 40 Minuten + Geh- und Backzeit

ZUTATEN für 1 Torte (ø 26 cm)

125 g Weizenmehl (Type 405)
10 g frische Hefe
60 ml Milch
20 g weiche Butter
1 ½ TL Zucker
½ TL Salz
80 g Zucchini
120 g Aubergine
120 g rote Paprika
2 Knoblauchzehen
140 g passierte Tomaten
1 TL getrockneter Thymian
3–4 EL Olivenöl zzgl. etwas zum Einfetten
Zucker
Salz, frisch gemahlener Pfeffer

Mehl in eine Schüssel geben und die Hefe hineinbröseln. Milch erwärmen. Butter, Zucker und Salz zugeben und mit der warmen Milch zu einem glatten Teig kneten, am Ende nochmals mit den Händen kurz durchkneten. Die Schüssel leicht ölen und den Teig darin abgedeckt 1 ½ Stunde an einem warmen Ort gehen lassen.

Backofen auf 180 °C (oder 160 °C Umluft) vorheizen. Eine Tarteform (ø 26 cm) leicht ölen. Fertig gegangenen Teig kurz durchkneten und auf wenig Mehl ausrollen. Die Form damit auslegen, dabei einen Rand formen.

Gemüse waschen. Zucchini in Scheiben schneiden. Aubergine vierteln und ebenfalls in Scheiben schneiden. Paprika vierteln, entkernen und in feine Streifen schneiden. Knoblauchzehen schälen und in die passierten Tomaten pressen und mit Salz, Pfeffer, Zucker und Thymian würzen. Teigboden mit einer Gabel mehrmals einstechen und mit der Tomatensauce bestreichen.

Zuerst am äußeren Rand die Auberginenscheiben fächerförmig auslegen. Dann, bündig an die Auberginen, einen Ring aus gefächerten Zucchinischeiben legen. Zum Schluss die Paprikastreifen mittig zu einer Art Rose aufschichten. Das Gemüse mit 2 EL Olivenöl bestreichen und kräftig mit Salz und frisch gemahlener Pfeffer würzen.

Torte im heißen Ofen ca. 35 Minuten backen. Nach 15 Minuten nochmals mit Olivenöl bestreichen. Warm servieren oder auf einem Rost abkühlen lassen.

KRÄUTERTARTE
mit Kürbis und Haselnuss

ZUBEREITUNGSZEIT 40 Minuten + Kühl- und Backzeit

ZUTATEN für 1 Tarte (ø 26–28 cm)

Für den Teig
250 g Weizenmehl (Type 405)
120 g kalte Butter
1 Ei
Salz

Für die Füllung
450 g Hokkaido
1 Zwiebel (ca. 80 g)
1 Bund Basilikum
1 Bund Kerbel
2 EL Milch
150 g Sahne
3 Eier
50 g Haselnüsse
Salz, frisch gemahlener Pfeffer
Pflanzenöl zum Braten

Mehl in eine Schüssel oder auf die Arbeitsplatte geben. Butter in kleinen Flöckchen daraufgeben und mit etwas Salz mit den Händen zu feinen Bröseln zerreiben. Das Ei hinzufügen und mit 1–2 EL kaltem Wasser alles zügig zu einem glatten Teig verkneten. Teig in Folie wickeln und 1 Stunde kühlen.

Kürbis waschen und entkernen. Fruchtfleisch fein raspeln. Zwiebel in feine Würfel schneiden. Kürbisfleisch in Öl etwa 5 Minuten rundherum anbraten und in eine Schüssel füllen. Zwiebeln ebenfalls in Öl glasig dünsten und zum Kürbis geben. Basilikum und Kerbel waschen und trocknen. Kerbel grob zerzupfen und zum Gemüse geben. Vom Basilikum die Blätter abzupfen und mit der Milch fein mixen. Sahne untermischen. Vorsicht, Sahne nicht mitmixen, sonst schlägt man sie steif! Basilikumsahne mit Eiern glatt rühren und mit Salz und Pfeffer würzen. Mit dem Gemüse mischen. Haselnüsse grob hacken.

Backofen auf 200 °C (oder 180 °C Umluft) vorheizen. Teig auf etwas Mehl dünn ausrollen und in eine Tarteform legen, dabei einen Rand formen. Teig andrücken und mit einer Gabel den Boden mehrmals einstechen. Gemüsemischung darauf verteilen, glatt streichen und mit gehackten Haselnüssen bestreuen. Tarte im Ofen ca. 35 Minuten backen und sofort servieren.

BIRNEN-SENF-KUCHEN
mit Salbei

ZUBEREITUNGSZEIT 35 Minuten + Geh- und Backzeit

ZUTATEN für 1 großen Kuchen

Für den Teig

250 ml Milch

½ Würfel frische Hefe

450 g Dinkelmehl (Type 630) zzgl. etwas zum Kneten

20 g Senf

1 Ei

1½ TL Salz

1 EL Zucker

2 EL Crème fraîche

Öl zum Einfetten

Für den Belag

2 EL Senf

1 EL Crème fraîche

2 EL Butter

15 Salbeiblätter

600 g feste Birnen

Milch lauwarm erwärmen und Hefe darin auflösen. Alle Zutaten für den Teig in einer Schüssel mischen und mit dem Knethaken des Handrührgerätes zu einem glatten Teig verkneten. Eine Schüssel leicht ölen und Teig darin abgedeckt an einem warmen Ort 1 ½ Stunden gehen lassen.

Backofen auf 180 °C vorheizen. Ein Backblech buttern und mit Backpapier auslegen. Senf und Crème fraîche mischen. Butter zerlassen. Salbeiblätter waschen und trocknen. Birnen waschen, vierteln, entkernen und in Spalten schneiden. Den Teig nochmals auf etwas Mehl durchkneten und auf Backblechgröße ausrollen. Auf das Backblech legen, mit der Senfmischung bestreichen und mit Salbeiblättern belegen. Birnenspalten nebeneinander in ca. vier Reihen auf dem Teig verteilen, dabei nach jeder Reihe die Richtung der Spalten ändern. Birnen und Teigränder mit der flüssigen Butter bestreichen.

Kuchen im heißen Ofen ca. 40 Minuten backen. Mit einem Holzstäbchen testen, ob der Teig gar ist. Auf einem Rost auskühlen lassen oder lauwarm genießen.

TRAUBENWÄHE

ZUBEREITUNGSZEIT 30 Minuten + Backzeit

ZUTATEN für 1 Wähe (längliche Tartform 35 x 13 cm oder Springform ø 26 cm)

200 g Weizenmehl (Type 405)
70 g kalte Butter
1 TL Salz
190 g Hähnchenbrust
1 EL Butterschmalz
60 g rote Zwiebel
150 g rote Weintrauben
100 g Crème fraîche
50 g Sahne
30 ml Weißwein
1 TL fein abgeriebene Zitronenschale
2 Eier
Salz, frisch gemahlener Pfeffer

Mehl in eine Schüssel oder auf die Arbeitsplatte geben. Butter in kleinen Flöckchen daraufgeben und mit Salz mit den Händen zu feinen Bröseln zerreiben. 80 ml kaltes Wasser hinzufügen und alles zügig zu einem glatten Teig verkneten. Teig in Folie wickeln und 30 Minuten kühlen.

Backofen auf 200 °C (oder 180 °C Umluft) vorheizen. Hähnchen waschen, trocken tupfen und in ca. 3 x 3 cm große Stücke schneiden. Butterschmalz in einer Pfanne zerlassen und Hähnchenwürfel darin unter Wenden 4–5 Minuten goldgelb anbraten. Mit Salz und Pfeffer würzen. Zwiebeln schälen, halbieren und in feine Streifen schneiden. Weintrauben waschen, trocknen und abzupfen. Crème fraîche, Sahne, Weißwein, Zitronenschale und Eier glatt verrühren. Mit Salz und Pfeffer kräftig würzen.

Teig auf etwas Mehl dünn ausrollen und in eine Tarteform bzw. eine mit Backpapier ausgelegte Springform legen, dabei einen etwa 3 cm hohen Rand formen. Teig andrücken und mit einer Gabel den Boden mehrmals einstechen. Hähnchenwürfel, Zwiebeln und Trauben gleichmäßig in der Form verteilen. Sahnemischung darübergießen. Wähe im heißen Ofen 35–40 Minuten backen. Warm genießen.

KÜRBISFLAMMKUCHEN
mit Gorgonzola

ZUBEREITUNGSZEIT 35 Minuten + Geh- und Backzeit

ZUTATEN für 2 große Flammkuchen

Für den Teig

250 g Weizenmehl (Type 405) zzgl. etwas
zum Ausrollen

5 g frische Hefe

2 EL Olivenöl

½ TL Salz

Für den Belag

250 g Hokkaido (mit Kernen)

½ rote Zwiebel

40 g Gorgonzola

70 g saure Sahne

70 g Crème fraîche

1 TL Zitronenschale

4 Scheiben Bacon

1 Beet Kresse

Salz, frisch gemahlener Pfeffer

Öl zum Einfetten

Mehl in eine Schüssel geben und Hefe hineinbröseln. Öl und Salz zugeben und mit 110 ml warmem Wasser zu einem glatten Teig kneten. Insgesamt sollte der Teig etwa 8–10 Minuten geknetet werden, 5 Minuten davon mit der Hand. Die Schüssel leicht ölen und den Teig darin abgedeckt 2 Stunden an einem warmen Ort gehen lassen.

Backofen auf 250 °C vorheizen, dabei einen Pizzastein in der Mitte des Ofens mit vorheizen. Alternativ funktioniert das auch mit einem umgedrehten Backblech. Kürbis entkernen und in feine Streifen hobeln. Zwiebel ebenfalls in feine Streifen schneiden oder hobeln. Gorgonzola grob würfeln. Saure Sahne, Crème fraîche und Zitronenschale mischen, mit Salz und Pfeffer würzen. Baconscheiben in je drei Teile schneiden.

Fertig gegangenen Teig halbieren und den ersten Flammkuchen auf wenig Mehl sehr dünn ausrollen. Fladen auf einen bemehlten Pizzaschieber oder ein Holzbrett legen, mit der Hälfte der Crème-fraîche-Mischung bestreichen und mit der Hälfte der restlichen Zutaten belegen. Der Bacon sollte obendrauf liegen, damit er schön knusprig werden kann. Flammkuchen direkt vom Schieber in den heißen Ofen auf den Stein oder das Backblech geben und die Tür schnell schließen. 10–12 Minuten goldbraun backen. In der Zwischenzeit den nächsten Flammkuchen vorbereiten und gleich im Anschluss backen. Kresse vom Beet direkt auf die Flammkuchen schneiden.

THYMIAN-TARTELETTES
mit Guacamole und Räucherlachs

ZUBEREITUNGSZEIT 30 Minuten + Kühl- und Backzeit

ZUTATEN für 8 Stück

Für die Tartelettes
250 g Weizenmehl (Type 405)
½ Bund Thymian
120 g kalte Butter
1 Ei
Salz

Für die Guacamole
2 Avocados
2 EL Zitronensaft
½ rote Zwiebel
6 Korianderstängel
300 g Räucherlachs in Scheiben
Zucker
Salz, frisch gemahlener Pfeffer

Mehl in eine Schüssel oder auf die Arbeitsplatte geben. Thymian waschen, trocknen und die Blättchen ins Mehl zupfen. Butter in kleinen Flöckchen daraufgeben und mit etwas Salz mit den Händen zu feinen Bröseln zerreiben. Das Ei hinzufügen und mit 1–2 EL kaltem Wasser alles zügig zu einem glatten Teig verkneten. Teig in Folie wickeln und 1 Stunde kühlen.

Backofen auf 200 °C (oder 180 °C Umluft) vorheizen. Nach der Kühlzeit Teig auf etwas Mehl dünn ausrollen und ca. 2–3 cm größer als die Tartletteförmchen ausschneiden. Kreise in die Förmchen legen, andrücken und mit einer Gabel den Boden mehrmals einstechen. Backpapier auf Förmchengröße zuschneiden, Teig damit abdecken und mit Backerbsen bedecken. Im heißen Ofen 20 Minuten blindbacken, dann Erbsen und Backpapier vorsichtig entfernen und Tartelettes 10 Minuten zu Ende backen lassen. Auf einem Rost abkühlen lassen.

Für die Guacamole Avocados halbieren und das Fruchtfleisch herauslösen. Fruchtfleisch mit einer Gabel zerdrücken, dabei den Zitronensaft untermischen. Zwiebel sehr fein würfeln. Koriander waschen, trocknen und mit den weichen Stielen fein schneiden. Beides zur Avocado geben und mit Salz, Pfeffer und Zucker würzen.

Zum Anrichten Guacamole auf die Tartelettes verteilen und mit Räucherlachsscheiben garnieren.

HÄHNCHEN-ERBSEN-PIE

ZUBEREITUNGSZEIT 45 Minuten + Kühl- und Backzeit

ZUTATEN für 1 Pie (ø 26 cm)

Für den Teig

60 ml Milch
120 g Butterschmalz
400 g Weizenmehl (Type 405)
½ TL Salz
1 Ei
1 Eigelb
1 EL Milch

Für die Füllung

1 Zwiebel (ca. 80 g)
2 EL Butterschmalz
120 g Austernpilze
280 g Hähnchenbrust
2 EL Mehl
120 g Sahne
150 g TK-Erbsen
1 EL Zitronensaft
1 TL Zitronenschale
Salz, frisch gemahlener Pfeffer

Milch und 90 ml Wasser erhitzen und das Butterschmalz langsam darin schmelzen, dann einmal aufkochen. Mehl, Salz und das Ei in einer Schüssel mischen, die Milchmischung daraufgießen und sofort zu einem glatten Teig kneten, am Ende mit den Händen nochmals kurz durchkneten. In Folie wickeln und 30 Minuten kühlen.

Für die Füllung Zwiebel würfeln und im Butterschmalz glasig dünsten. Pilze putzen, grob würfeln und für 3 Minuten mitbraten. Hähnchen waschen, trocken tupfen und grob würfeln. Hähnchen in die Pfanne geben und alles 5–6 Minuten braten. Gleichmäßig mit dem Mehl bestäuben, kurz durchrühren und dann mit der Sahne unter Rühren ablöschen. TK-Erbsen dazugeben und alles mit Zitronensaft, -schale, Salz und Pfeffer würzen.

Backofen auf 220 °C (oder 200 °C Umluft) vorheizen. Zwei Drittel des Teigs dünn ausrollen. Eine runde Auflauf- oder Kuchenform (ø 26 cm) damit auslegen, der Teig soll etwas über den Rand hängen. Mit einer Gabel den Boden mehrmals einstechen. Die Füllung darauf verteilen. Den restlichen Teig auf Formgröße ausrollen und die Füllung damit abdecken. Überhängenden Teig darüberklappen und den entstandenen Rand mit Daumen und Zeigefinger rundherum zusammendrücken, sodass ein Muster entsteht.

Mit einem Messer in der Mitte den Teig kreuzweise einschneiden. Eigelb mit Milch verrühren und die Tarte damit bestreichen. Im heißen Ofen 15 Minuten backen. Dann die Temperatur auf 180 °C reduzieren und weitere 20 Minuten goldbraun backen.

→ BROT

BAGELS

ZUBEREITUNGSZEIT 40 Minuten + Geh- und Backzeit

ZUTATEN für 8 Stück

---

500 g Weizenmehl (Type 550)
2 TL Trockenhefe
1 ½ TL Salz
1 ½ EL Zucker
Öl zum Einfetten

nach Belieben Mohn, Sesam,
Zwiebelgranulat oder
andere Samen zum Bestreuen

Mehl in eine Schüssel geben und mit der Hefe mischen. Zucker und Salz zugeben und mit 300–330 ml warmem Wasser zu einem glatten Teig kneten. Zunächst mit 300 ml anfangen, der Teig sollte nicht zu weich sein, ggf. etwas mehr Wasser zugeben, bis ein trockener, fester, aber elastischer Teig entsteht. Insgesamt sollte der Teig 8–10 Minuten geknetet werden, mindestens 5 Minuten davon mit der Hand. Die Schüssel leicht ölen und den Teig darin abgedeckt 1 Stunde an einem warmen Ort gehen lassen.

Den fertig gegangenen Teig kurz durchkneten und in acht Stücke teilen. Diese leicht flach drücken, die Teigränder zur Mitte hin einschlagen und mit den Fingern die Naht fest zusammendrücken. Brötchen mit der Naht nach unten auf die Arbeitsfläche setzen und mit der darüber fast geschlossenen Hand rund rollen. Die Naht soll durch leichten Druck dabei leicht auf der Arbeitsfläche kleben, die drehende Bewegung der Hand formt das Brötchen rund. Dann mit dem Zeigefinger ein Loch durch die Mitte des Bagels drücken, den zweiten Zeigefinger entgegengesetzt durchstecken und durch Bewegen der Finger, mit leichtem Druck nach außen das Loch vergrößern. Bagels auf mit Backpapier ausgelegte Backbleche setzen.

Backofen auf 220 °C vorheizen. Einen großen Topf mit Wasser zum Sieden bringen. Bagels nacheinander in den Topf gleiten lassen, wenn sie oben schwimmen, 1 Minute warten, dann mit dem Stiel eines Kochlöffels wenden und erneut 1 Minute warten. Danach mit dem Stiel herausholen und zurück auf die Backbleche legen. Am besten hat man höchstens zwei Bagels auf einmal im Topf. Solange sie nass sind, nach Belieben mit den Samen bestreuen. Nacheinander 20 Minuten backen. Auf einem Rost abkühlen lassen.

PFANNENBROT

ZUBEREITUNGSZEIT 15 Minuten + Geh- und Backzeit

ZUTATEN für 8 Stück

---

250 g Weizenmehl (Type 405)
15 g frische Hefe
1 TL Zucker
1 EL Olivenöl
1 TL Limettenschale
3 Minzstängel
Chiliflocken
1 TL Salz
Öl zum Einfetten

Mehl in eine Schüssel geben und Hefe hineinbröseln. Zucker, Öl, Limettenschale, Minze, Chiliflocken nach Belieben und Salz zugeben und mit 140 ml warmem Wasser zu einem glatten Teig kneten, am Ende nochmals mit den Händen durchkneten. Eine Schüssel leicht ölen und den Teig darin abgedeckt 1 Stund an einem warmen Ort gehen lassen.

Teig nochmals durchkneten und in acht gleich große Teile teilen. Je mit einem Rollholz zu einem dünnen, runden Fladen ausrollen. Eine schwere Pfanne stark erhitzen und mit einem Pinsel dünn mit Öl bestreichen. Fladen darin nacheinander von jeder Seite 1–1 ½ Minuten braten. Vor jedem Brot die Pfanne erneut leicht ölen. Warm genießen oder abkühlen lassen.

OLIVENÖLKUCHEN

ZUBEREITUNGSZEIT 20 Minuten + Backzeit

ZUTATEN für 1 Kuchen (ø 28 cm)

1 kleiner Rosmarinzweig
3 Eier
1 TL Salz
150 g Puderzucker
250 g Milch
150 ml Olivenöl
300 g Weizenmehl (Type 405)
2 TL Backpulver
Butter zum Einfetten
Polenta (Maisgrieß) zum Ausstreuen

Backofen auf 180 °C (oder 160 °C Umluft) vorheizen. Rosmarinzweig waschen, trocknen, die Nadeln abzupfen und sehr fein schneiden. Eier, Salz und Zucker mit den Quirlen des Handrührgerätes 7 Minuten cremig-weiß aufschlagen. Milch und Olivenöl mischen. Genauso Mehl und Backpulver. Beides in zwei Teilen abwechselnd unter die Eimasse rühren.

Den Boden einer Springform mit Backpapier auslegen. Springform buttern und mit Polenta ausstreuen. Den Teig einfüllen und im heißen Ofen 35–40 Minuten goldgelb backen. Mit einem Holzstäbchen testen, ob der Teig durchgebacken ist oder noch Reste am Stäbchen haften bleiben. Kuchen auf einem Rost abkühlen lassen und mit einem scharfen Messer vom Rand lösen.

DINKEL-WALNUSS-STANGEN

ZUBEREITUNGSZEIT 30 Minuten + Geh- und Backzeit

ZUTATEN für 2 Stück

150 g Walnusskerne
10 g frische Hefe
500 g Dinkelmehl (Type 630)
35 g Sauerteig (s. S. 119 selbst angesetzt
oder fertig gekauft)
10 g Salz
Öl zum Einfetten

Walnusskerne grob hacken und zur Seite stellen. Hefe mit 270 ml lauwarmem Wasser vermengen. Mehl, Sauerteig und Hefewasser vermengen und auf kleinster Stufe kneten. Der Teig sollte feucht sein, sich aber, sobald er glatt ist, vom Schüsselrand lösen. 5 Minuten auf kleinster Stufe kneten, dann 3 Minuten auf mittlerer Stufe. Salz und Walnüsse hinzufügen und weitere 2 Minuten kneten.

Teig in eine leicht geölte Schüssel geben, mit Folie abdecken und an einem warmen Ort 2 Stunden gehen lassen. Nach 1 Stunde mit einem Teigschaber die Außenkanten des Teigs in der Schüssel mehrmals nach innen falten, sodass etwas Spannung im Teig entsteht. Alternativ mit leicht geölten Händen arbeiten. 30 Minuten weitergehen lassen und das Ganze wiederholen. Nach weiteren 30 Minuten den Teig auf der Arbeitsfläche kurz durchkneten und halbieren. Mit den Händen jedes Stück etwas platt und länglich drücken. Eine der kurzen Seiten zu drei Viertel über den Teig klappen, dann die andere Seite darüberlegen und leicht andrücken. Teig von einer der offenen Seiten her fest aufrollen, dabei zwischendurch immer die Nahtstelle fest andrücken. Am Ende die Naht mit Daumen und Zeigefinger zusammendrücken und so verschließen. Brote eventuell noch etwas länglich rollen und mit der Naht nach unten auf ein Backpapier setzen. Mit einem feuchten Tuch abdecken.

Backofen auf 250 °C vorheizen, dabei einen Pizzastein oder ein Backblech und eine ofenfeste Form mit Wasser mit aufheizen. Brote währenddessen weitergehen lassen, dann mit einem scharfen Messer je 3-mal schräg einschneiden und mit etwas Wasser bestreichen. Form mit dem Wasser aus dem Ofen nehmen und das Backpapier vorsichtig von einem Brett auf den Pizzastein oder das Backblech schieben. Nach 10 Minuten die Hitze auf 220 °C reduzieren und die Stangen in etwa 15 Minuten zu Ende backen. Auf einem Rost abkühlen lassen.

SAUERTEIG LÄSST SICH EINFACH SELBST ANSETZEN.

EINFACHE HASELNUSSBRÖTCHEN

ZUBEREITUNGSZEIT 30 Minuten + Geh- und Backzeit

ZUTATEN für 6 Stück

50 g Haselnüsse

5 g frische Hefe

350 g Weizenmehl (Type 550) zzgl. etwas zum Verarbeiten

50 g gemahlene Haselnüsse

50 g Sauerteig (s. unten selbst angesetzt oder gekauft)

1 TL Salz

Haselnüsse grob hacken. Ein Drittel davon beiseitestellen. Die Hefe mit 250 ml lauwarmen Wasser verrühren. Das Hefewasser mit den restlichen Zutaten, bis auf das Salz, mit einem Kochlöffel gut vermischen, abdecken und 30 Minuten ruhen lassen. Salz zugeben und ca. 3 Minuten weiterrühren. Schüssel erneut abdecken und über Nacht in den Kühlschrank stellen.

Am nächsten Morgen den Backofen auf 250 °C vorheizen (Umluft nicht empfehlenswert), dabei einen Pizzastein oder ein Backblech und eine ofenfeste Form mit Wasser mit aufheizen. Teig auf einer gut bemehlten Arbeitsfläche mit einer Teigkarte in sechs gleich große Teile teilen und häufchenweise auf ein Backpapier setzen und gehen lassen, bis der Ofen vorgeheizt ist.

Brötchen mit etwas Wasser bestreichen und mit den restlichen Nüssen bestreuen. Form mit dem Wasser aus dem Ofen nehmen und das Backpapier mit den Brötchen vorsichtig von einem Brett auf den Pizzastein oder das Backblech schieben. Brötchen 15–20 Minuten goldbraun backen. Auf einem Rost etwas abkühlen lassen.

TIPP: SAUERTEIG SELBST ANSETZEN

Dafür 100 g Roggenvollkornmehl mit 200 ml lauwarmem Wasser in einer Schüssel verrühren und 48 Stunden offen stehen lassen. Die optimale Gärtemperatur liegt bei 22–24 °C. Sollte sich eine Haut auf dem Sauerteigansatz gebildet haben, diese entfernen. Weitere 50 g Roggenvollkornmehl und 100 ml lauwarmes Wasser unterrühren. Nun 24 Stunden offen stehen lassen. Den Vorgang wiederholen. Der Ansatz ist jetzt einsatzbereit. Den nicht für das Rezept benötigten Sauerteig wieder mit 50 g Mehl und 100 ml lauwarmem Wasser füttern. Soll der Ansatz nicht direkt weiterverwendet werden, nur 50 ml Wasser dazugeben und den etwas dickeren Teig gut verschlossen im Kühlschrank aufbewahren. Zum Starten wieder 50 g Mehl und 100 ml Wasser dazugeben und 24 Stunden offen stehen lassen.

KÖRNERBROT

ZUBEREITUNGSZEIT 30 Minuten + Zieh-, Geh- und Backzeit

ZUTATEN für 1 Brot (Kastenform 30 cm)

---

100 g Haferkörner
50 g Sonnenblumenkerne
50 g Kürbiskerne
350 g Roggenvollkornmehl
150 g Weizenmehl (Type 550)
25 g frische Hefe
40 g Sauerteig (s. S. 119 selbst angesetzt oder gekauft)
60 g Zuckerrübensirup (alternativ dunkler Waldhonig)
10 g Salz
Butter zum Einfetten
Sesam zum Ausstreuen

Hafer, Sonnenblumen- und Kürbiskerne in einer Schüssel mit heißem Wasser übergießen und über Nacht ziehen lassen. Am nächsten Tag abgießen und gut abtropfen lassen. Mehl in eine Küchenmaschine mit Knethaken füllen, Hefe hineinbröseln und zusammen mit den restlichen Zutaten und 350–400 ml warmem Wasser 4 Minuten auf kleinster Stufe kneten, dann 4 Minuten auf mittlerer Stufe, dabei immer wieder den Teig zusammenkratzen. Schüssel mit Folie abdecken und Teig an einem warmen Ort 1 Stunde gehen lassen.

Eine Kastenform fetten und mit Sesam ausstreuen. Teig hineingeben, erneut abdecken und 1 ½ Stunden gehen lassen. Backofen auf 250 °C vorheizen. Beim Vorheizen einen Pizzastein oder ein Backblech und eine ofenfeste Form mit Wasser mit aufheizen. Teig mit etwas Wasser bestreichen. Form mit Wasser auf dem Ofen nehmen und Kastenform auf den Pizzastein oder das Backblech schieben. Temperatur auf 200 °C reduzieren und Brot ca. 60 Minuten backen. Mit einem Holzstäbchen testen, ob das Brot fertig gebacken ist. Auf einem Rost vollständig auskühlen lassen. Eventuell mit einem scharfen Messer vorsichtig aus der Form lösen.

SESAMZÖPFE

ZUBEREITUNGSZEIT 25 Minuten + Geh- und Backzeit

ZUTATEN für 8 Stück

280 g Weizenmehl (Type 405)
1 TL Trockenhefe
1 TL Zucker
¾ TL Salz
50 g Zuckerrübensirup
Öl zum Einfetten
Sesam zum Bestreuen

Mehl in eine Schüssel geben und Hefe untermischen. Mit 120–140 ml warmem Wasser, Zucker und Salz zu einem glatten Teig kneten, am Ende nochmals kurz von Hand durchkneten. Die Schüssel leicht ölen und ihn darin abgedeckt 1 Stunde an einem warmen Ort gehen lassen.

Backofen auf 220 °C vorheizen. Dabei ein Backblech mit vorheizen. Fertig gegangenen Teig kurz durchkneten und in acht gleich große Stücke teilen. Jedes Teigstück mit den Händen zu einer gleichmäßigen, etwa 40 cm langen Rolle formen, diese zu einem U legen. Mit einem Zeigefinger in die Rundung einhaken und die zwei Längsseiten des Us miteinander verdrehen. Die Enden zusammendrücken und den Zopf auf ein Backpapier in Backblechgröße legen. Auf jedes Backpapier passen vier Zöpfe. Abdecken und 10 Minuten gehen lassen.

Auf einem großen, tiefen Teller Zuckerrübensirup mit 30 ml Wasser verrühren. Auf einem anderen reichlich Sesam verteilen. Jeweils die Oberseite der Teiglinge durch die Zuckerrüben-Mischung ziehen und dann in den Sesam drücken. Zöpfe zurück auf das Backblech legen und ca. 20 Minuten backen. Auf einem Rost abkühlen lassen.

PESTO-BROT

ZUBEREITUNGSZEIT 40 Minuten + Geh- und Backzeit

ZUTATEN für 1 Brot

---

250 g Weizenmehl (Type 405)
130 g Weizenvollkornmehl
1 Päckchen Trockenhefe
1 TL Zucker
1 ½ TL Salz
1 Bund Basilikum
3 Oreganostängel
40 g Parmesan
2 ½ EL Olivenöl
Salz, frisch gemahlener Pfeffer
Öl zum Einfetten

Mehlsorten in einer Schüssel mischen und Hefe unterrühren. Zucker und Salz zugeben und mit 270 ml warmem Wasser zu einem glatten Teig kneten. Die Schüssel leicht ölen und den Teig darin abgedeckt 1 Stunde an einem warmen Ort gehen lassen.

Inzwischen für das Pesto Basilikum und Oregano waschen, trocknen und die Blätter abzupfen. In einem Mixer oder einer Küchenmaschine fein hacken. Parmesan reiben und hinzugeben. Nach und nach das Olivenöl dazugeben und zwischendurch immer wieder untermixen. Kräftig mit Salz und Pfeffer würzen.

Teig auf reichlich Mehl zu einem 20 x 30 cm großen Rechteck ausrollen. Pesto darauf verstreichen, dabei rundherum einen 1 cm breiten Rand lassen. Teig von der kürzeren Seite her eng aufrollen. Die Naht mit den Fingern zusammendrücken, sodass sie fest verschlossen ist. Mit einem scharfen Messer die Rolle der Länge nach halbieren. Die zwei Stränge nun in der Mitte kreuzen, zuerst die unteren und dann die oberen Stränge abwechselnd locker übereinanderlegen. Die Enden zusammendrücken. Eine Kastenform fetten. Das Brot hineinlegen und abgedeckt nochmal 30 Minuten gehen lassen.

Währenddessen den Backofen auf 180 °C (oder 160 °C Umluft) vorheizen. Brot darin 40–45 Minuten goldbraun backen. Kurz abkühlen lassen, dann mit einem Messer aus der Form lösen und auf einem Rost auskühlen lassen.

ZUCCHINI-MAISBROT

ZUBEREITUNGSZEIT 25 Minuten + Backzeit

ZUTATEN für 1 Brot (Kastenform 30 cm)

200 g Zucchini
20 g Pinienkerne
1 Rosmarinzweig
200 g Maismehl
120 g Weizenmehl (Type 405)
2 TL Backpulver
10 g brauner Zucker
200 ml Buttermilch
60 ml Olivenöl
2 Eier
Salz, frisch gemahlener Pfeffer
Butter zum Einfetten
Polenta (Maisgrieß) zum Ausstreuen

Backofen auf 180 °C vorheizen. Zucchini raspeln. Pinienkerne in einer Pfanne trocken rösten, bis sie anfangen zu duften und goldgelb sind. Auf einen Teller auskühlen lassen. Rosmarin waschen, trocknen, die Nadeln abzupfen und fein hacken. Mehlsorten, Backpulver, Zucker, Buttermilch, Olivenöl und die Eier mit einem Schneebesen zu einem glatten Teig verrühren. Mit Salz und Pfeffer abschmecken, Zucchini, Pinienkerne und Rosmarin unterrühren.

Kastenform mit etwas Butter fetten und mit Polenta ausstreuen. Teig einfüllen und im heißen Ofen 50 Minuten backen. Mit einem Holzstäbchen testen, ob der Teig gar ist, ggf. einige Minuten länger backen. Auf einem Rost abkühlen lassen oder warm genießen.

FOCACCIA
mit Paprika und Kapernäpfeln

ZUBEREITUNGSZEIT 35 Minuten + Geh- und Backzeit

ZUTATEN für 1 Focaccia

300 g Weizenmehl (Type 550)
½ Packung Trockenhefe
10 ml Olivenöl
7 g Salz
200 g rote Paprika
50 g Kapernäpfel
1–2 EL Olivenöl zzgl. etwas zum Einfetten

Das Mehl in eine Schüssel geben und die Hefe hineinbröseln. 200 ml Wasser erwärmen. Das Olivenöl zum Mehl geben und am besten in einer Küchenmaschine mit Knethaken langsam verkneten, dabei das Wasser langsam einfließen lassen. Ist der Teig weich genug, nicht alles zugeben. 4 Minuten auf kleinster Stufe kneten, dann 4 Minuten auf mittlerer Stufe. Salz hinzufügen und weitere 2 Minuten kneten. Teig in eine leicht geölte Schüssel füllen, mit Folie abdecken und an einem warmen Ort 2 Stunden gehen lassen.

Paprika waschen, entkernen und in feine Streifen schneiden. Kapernäpfel halbieren. Nach 1 Stunde mit einem Teigschaber die Außenkanten des Teigs in der Schüssel mehrmals nach innen falten, sodass etwas Spannung im Teig entsteht. Alternativ mit leicht geölten Händen arbeiten. 30 Minuten weitergehen lassen und erneut den Teig falten. Nach weiteren 30 Minuten den Teig auf einem bemehlten Backpapier mit den Fingern zu einem etwa 30 x 10 cm großen Rechteck ziehen und drücken. Mit den Fingern Löcher in den Teig drücken, um die Luft zu verteilen und Focaccia abgedeckt 15 Minuten gehen lassen.

Backofen auf 220 °C vorheizen, ein Backblech dabei mit vorheizen. Teig nochmals etwas eindrücken und die Paprikastreifen und Kapernäpfel darauf verteilen. Olivenöl darüberträufeln. Laib mit dem Backpapier auf das heiße Backblech ziehen. Nach 10 Minuten die Temperatur auf 180 °C reduzieren und Focaccia 20–25 Minuten zu Ende backen. Abkühlen lassen oder noch warm genießen.

ERBSEN-BRIOCHES

ZUBEREITUNGSZEIT 30 Minuten + Geh- und Backzeit

ZUTATEN für 12 Stück

80 g TK-Erbsen

200 g Weizenmehl (Type 405) zzgl. etwas zum Formen

7,5 g frische Hefe

50 ml Milch

1 EL Zucker

2 Minzstängel

1 TL Zitronenschale

1 TL Salz

2 Eier

90 g weiche Butter

1 Eigelb

1 EL Milch

Erbsen auftauen lassen. Mehl in eine Schüssel geben, eine Mulde formen und Hefe hineinbröseln. Milch lauwarm erwärmen und mit dem Zucker über die Hefe gießen. Etwas Mehl vom Rand dazurühren und alles abgedeckt 15 Minuten ruhen lassen.

Minze waschen, trocknen und die Blätter fein schneiden. Zitronenschale und Salz zum Vorteig geben und mit dem Knethaken der Küchenmaschine zu einem glatten Teig kneten. Dabei nacheinander die beiden Eier zufügen. Nach und nach die weiche Butter zugeben und immer vollständig unterkneten. Zum Schluss die Erbsen kurz unterkneten, die Schüssel mit Folie abdecken und den Teig an einem warmen Ort etwa 40 Minuten gehen lassen. Anschließend für 40 Minuten in den Kühlschrank stellen.

Backofen auf 180 °C (oder 160 °C Umluft) vorheizen. Eine Muffinform bereitstellen. Drei Viertel des Teigs abtrennen und in zwölf Portionen teilen. Diese auf etwas Mehl kurz rund formen und dann mit der Naht nach unten in die Muffinform setzen. Aus dem restlichen Teig ebenfalls zwölf Kugeln formen. In jede große Kugel mit dem Zeigefinger eine Vertiefung drücken und die kleine Kugel hineinsetzen. Weitere 15 Minuten gehen lassen.

Eigelb und Milch verrühren und die Brioches damit einstreichen. Im heißen Ofen 30–35 Minuten goldbraun backen. Kurz abkühlen lassen, aus den Formen lösen und auf einem Rost auskühlen lassen.

ROSMARINBROT
mit Mohn und Sesam

ZUBEREITUNGSZEIT 30 Minuten + Zieh-, Geh- und Backzeit

ZUTATEN für 1 Brot

1 großer Rosmarinzweig
500 g Weizenmehl (Type 550)
30 g Sauerteig (s. S. 119 selbst angesetzt oder gekauft)
10 g frische Hefe
25 g Mohnsamen
25 g Sesamsamen
10 g Salz

Rosmarinzweig waschen, trocknen, die Nadeln abzupfen und fein schneiden. Alle Zutaten, bis auf das Salz, in eine Küchenmaschine mit Knethaken füllen. Nach und nach 270–300 ml warmes Wasser zufügen und dabei auf kleinster Stufe kneten. Der Teig sollte feucht sein, sich aber, sobald er glatt ist, vom Schüsselrand lösen. 5 Minuten auf kleinster Stufe kneten, dann 3 Minuten auf mittlerer Stufe. Salz hinzufügen und weitere 2 Minuten kneten.

Teig in eine leicht geölte Schüssel füllen, mit Folie abdecken und an einem warmen Ort 2 Stunden gehen lassen. Nach 1 Stunde mit einem Teigschaber die Außenkanten des Teigs in der Schüssel mehrmals nach innen falten, sodass etwas Spannung im Teig entsteht. Alternativ mit leicht geölten Händen arbeiten. 30 Minuten weitergehen lassen und dann das Ganze wiederholen. Nach weiteren 30 Minuten den Teig leicht flach drücken, die Teigränder zur Mitte hin einschlagen und mit den Fingern die Naht fest zusammendrücken. Nochmals wiederholen, es soll Spannung auf der Teigoberfläche entstehen. Eine große Schüssel mit einem Küchentuch auslegen und mit Mehl bestäuben. Den Teig mit der Naht nach unten in die Schüssel legen und alles mit einem feuchten Tuch abdecken. So lange gehen lassen, bis der Backofen auf 250 °C vorgeheizt ist.

Beim Vorheizen des Ofens einen Pizzastein oder ein Backblech und eine ofenfeste Form mit Wasser mit aufheizen. Laib auf ein bemehltes Brett stürzen. Form aus dem Ofen nehmen, den Teig mit etwas Wasser bestreichen und dünn mit Mehl bestäuben. Brotlaib auf den Pizzastein oder das Backblech schieben. Nach 15 Minuten Temperatur auf 220 °C reduzieren und ca. 20 Minuten zu Ende backen.

REGISTER

REGISTER

≫→ **WEITER GEHT ES AUF DER NÄCHSTEN SEITE …**

H

J

K

≫—→ **WEITER GEHT ES AUF DER NÄCHSTEN SEITE …**

N

O

P

**≫→ WEITER GEHT ES AUF
DER NÄCHSTEN SEITE …**

S

T

© 2015 Fackelträger Verlag GmbH, Köln
Emil-Hoffmann-Straße 1
D-50996 Köln

Alle Rechte der Verbreitung, auch durch Film, Funk, Fernsehen, fotomechanische Wiedergabe, Tonträger aller Art, auszugsweisen Nachdruck oder Einspeicherung und Rückgewinnung in Datenverarbeitungsanlagen aller Art, sind vorbehalten.
Die Inhalte dieses Buches sind von Autorin und Verlag sorgfältig erwogen und geprüft, dennoch kann eine Garantie nicht übernommen werden. Eine Haftung von Autorin und Verlag für Personen-, Sach- und Vermögensschäden ist ausgeschlossen.

Rezepte: Anna Walz
Fotografie: Manuela Rüther, Köln
Foodstyling: Petra Wegler, Stephan Kern
Styling: Anja Boeffel
Konzeption, Redaktion und Lektorat: Ilka Grunenberg
Umschlaggestaltung, Layout und Satz: Veedelswerk GmbH, Köln
Gesamtherstellung: Fackelträger Verlag GmbH, Köln

ISBN 978-3-7716-4611-0
Printed in EU

www.fackeltraeger-verlag.de